Warum die Bäume nicht mehr sprechen können

Warum die Bäume nicht mehr sprechen können

Erzählt von
JAN VLADISLAV

Illustriert von
DAGMAR BERKOVÁ

WERNER DAUSIEN

WARUM DIE BÄUME NICHT MEHR
SPRECHEN KÖNNEN
Ins Deutsche übertragen von Jan Vápeník
Graphische Gestaltung von Aleš Krejča

2. Auflage 1992

VERLAG WERNER DAUSIEN · HANAU/M
ISBN 3-7684-5207-7
1/02/04/52-02

Inhalt

Das blaue Blümchen aus dem Eisschloß

In einem fernen Land, dort, wo der Nordwind herkommt, lebte einmal ein Schäfer mit seiner Frau und seinen Kindern. Jeden Tag trieb er seine kleine Herde auf die Weide, und die Frau kümmerte sich um die Hütte und die Kinder. Doch obgleich beide arbeiteten, so gut sie konnten, hatten sie oftmals nichts zu essen; denn der Boden war karg und felsig. Und hoch oben auf den Bergen lag das ganze Jahr über Schnee, der glitzerte in der Sonne wie Edelgestein. Der Schäfer schaute manchmal so lange hinauf, bis ihm die Augen weh taten.

„Wie schön das aussieht!“ sagte er dann. „Und wie herrlich mag es erst hinter den Schneebergen sein! Vielleicht liegt dort ein Land, in dem immer Sommer ist — in dem es alle Menschen gut haben. Einmal werde ich bestimmt dorthin gehen.“

Das nahm der gute Schäfer sich so lange vor, bis er es eines Tages wahr machte. Er überließ die Herde seinem treuen Hund und ging den Bergpfad hinauf.

Der Pfad wand sich höher und höher, zuerst durch Wiesen, dann durch Knieholz, zuletzt über öde Steinfelder und steile Felsen. Den ganzen Tag wanderte der Schäfer, bis ihn die Füße schmerzten, doch der ewige Schnee war noch immer weit entfernt. Am Abend, als der Schäfer die müden Augen hob, sah er vor sich ein großes Schloß aus Schnee und Eis. Es glitzerte in der untergehenden Sonne, als wäre es aus Gold und Silber gebaut. Ein prachtvoll verziertes Tor öffnete sich, von dem ein dunkler Gang ins Innere des Schlosses führte. Der Schäfer faßte sich ein Herz und trat ein. Der Gang führte ihn zu einem großen Saal, dessen Wände waren aus Kristall, der Fußboden aber war aus Silber und die Decke aus purem Gold. In dem Saal erblickte er inmitten vieler hübscher Mädchen eine wunderschöne Frau in einem Gewand, fein wie ein Hauch, das war die Feenkönigin. Sie trug eine Krone aus Tautropfen und in der Hand hielt sie ein Sträußchen herrlicher blauer Blumen, wie sie der Schäfer sein Lebtag noch nicht gesehen hatte.

Geblendet von soviel Schönheit und Pracht konnte er kein einziges Wort hervorbringen.

Die Feenkönigin aber nickte ihm freundlich zu.

„Sei willkommen in meinem Palast, guter Mann", sprach sie. „Schon lange ist kein Mensch mehr hier heraufgestiegen. Für deinen Mut und deine Mühe sollst du darum belohnt werden. Geh und nimm dir aus meinem Schloß, was dein Herz begehrt, Silber, Gold und Edelsteine, soviel du tragen kannst."

Der Schäfer schaute sich um und sagte dann:

„Hab Dank, Königin, aber wenn ich wirklich etwas wählen darf, so wähle ich die blauen Blumen in deiner Hand."

„Du hast gut gewählt!" lächelte die Feenkönigin. „Denn die Blumen sind das Kostbarste, was ich besitze. Sie sollen dir gehören."

Und sie reichte dem Schäfer den Strauß.

Kaum aber hatte er die Blumen in der Hand, wurde ihm schwarz vor Augen, und als er nach einer Weile wieder zu sich kam, war der Saal mit der schönen Königin und ihren Dienerinnen verschwunden. Der Schäfer stand vor einer Wand aus ewigem Schnee; in der Ferne sah er die Hütten seines Dorfes.

Er eilte zuerst auf die Weide hinunter, doch auf der Weide war kein einziges Schaf mehr zu sehen.

‚Wohin mögen sie sich verlaufen haben?' dachte er und eilte weiter zu seiner Hütte. Seine Frau erschrak, als sie ihn sah, wie vor einem Geist.

„Wo warst du nur?" rief sie. „Ein ganzes Jahr lang haben wir deinen Tod beweint!"

Da begriff der Schäfer, daß, während er sich im Palast der Feen aufgehalten hatte, ein Jahr vergangen war und daß seine Schafe sich längst in alle Winde verlaufen hatten.

„Wenn ich schon nicht viel mehr besitze als diese Blumen", seufzte der Schäfer, „so will ich mich wenigstens um sie kümmern und sie in den Garten pflanzen."

Und er zeigte seiner Frau und seinen Kindern den Strauß der Feenkönigin. Am Abend pflanzte er die Blumen auf ein Beet hinter dem Haus, und in der Morgenfrühe leuchteten im ganzen Garten und auch auf dem Feld hinter dem Garten unzählige winzige blaue Blüten.

Staunend standen der Schäfer, seine Frau und seine Kinder vor dem Wunder. Da erschien plötzlich vor ihnen die Feenkönigin, die Krone aus Tautropfen im Haar.

„Diese Blümchen sind nicht nur schön", sprach sie, „diese Blümchen sind auch sehr nützlich. Pflegt ihr sie gut, so werden sie euch und alle anderen armen Leute reichlich kleiden."

Und sie erklärte dem Schäfer und seiner Frau, wie sie aus den zarten Pflänzchen der Blümchen feine Fäden spinnen und aus den Fäden Leinen, so weiß wie Schnee, weben könnten. Bevor die beiden ein Wort des Dankes hervorbrachten, war die Feenkönigin verschwunden, wie ein Schneeflöckchen, das auf der Hand schmilzt. Aber ihre guten Ratschläge blieben.

Der Schäfer bepflanzte jedes Frühjahr den Garten und das Feld, das zuvor seine Weide war, mit den blauen Blümchen, und seine Frau spann den Winter über feine Fäden und webte aus den Fäden Leinen, so weiß wie Schnee. Ihre Nachbarn lernten von ihnen, und damit blieb der Flachs, denn so hießen die Pflanzen mit den blauen Blümchen und so heißen sie heute noch, für immer bei den Menschen.

Warum sich die Sonnenblume zur Sonne dreht

Lange bevor in unseren Gärten die goldenen Sonnenblumen zu leuchten begannen, herrschte im Grünen Kaiserreich der Grüne Kaiser, der hatte eine einzige Tochter, schön wie eine Frühlingsblüte. Aber der Kaiser machte sich große Sorgen um sie, denn die Prinzessin wollte nicht heiraten. Keiner der Prinzen, ob groß oder klein, ob hell- oder dunkelhaarig, gefiel ihr. Auf ihres Vaters Zureden antwortete sie stets: „Mir gefällt nur der Sohn der Sonne."

Eines Tages geriet der Kaiser darüber in Zorn und rief: „Also geh und nimm den Sohn der Sonne zum Gemahl, mir aber komm nicht mehr unter die Augen!"

Die Prinzessin machte sich auf den Weg. Sie wanderte immer nach Osten, über Berg und Tal, durch Wälder und Wüsten, bis sie zu dem hohen Berg gelangte, auf dem die Sonne ihren Palast hatte.

„Was suchst du hier, Mädchen?" fragte dort eine alte Frau und begrüßte sie.

„Ich möchte zum Sohn der Sonne", erwiderte die Prinzessin und erzählte, warum ihr Vater sie aus dem Haus gejagt hatte. Die Alte fand an dem Mädchen Gefallen.

„Ich bin die Sonne", sagte sie, „und ich gebe dir meinen Sohn zum Gemahl. Aber wenn du bei ihm bleiben willst, darfst du ihm niemals ins Gesicht schauen."

Das versprach die Prinzessin, und lange Zeit hielt sie ihr Versprechen. Ein ganzes Jahr lebte sie mit dem Sohn der Sonne glücklich und zufrieden. Aber schließlich wurde sie doch neugierig.

Warum sollte ich dem Sohn der Sonne nicht ins Gesicht sehen dürfen, schließlich ist er mein Gemahl, überlegte sie immer wieder.

Der Sonne fiel ihre Nachdenklichkeit auf. Mitleidig sagte sie: „Ich weiß, was dich quält, und gebe dir einen guten Rat. Stell ein Glas Wasser vor deinen Gemahl und schau dir darin sein Spiegelbild an. Aber eines merke dir: Wenn du zu lange dabei verweilst, wird er es bemerken, und dann ergeht es dir schlecht."

Die Prinzessin tat, wie die alte Frau ihr geheißen. Als der Sohn der Sonne abends heimkehrte, stellte sie ein Glas Wasser vor ihm hin und schaute hinein. Im Glas zeigte sich das Gesicht ihres Gemahls, und es war so schön und freundlich, daß ihr schier das Herz stehenblieb. Sie vergaß die Warnung der Sonnenmutter und sah das Spiegelbild so lange an, bis ihr Gemahl es bemerkte.

Zornig rief er: „Wenn du nicht gehorchen kannst, will ich dich hier nicht haben!" Und er vertrieb die Prinzessin aus dem Palast. Weinend lief sie über Stock und Stein. Aber weit ist sie nicht gekommen. Als sie über ein Feld lief, erbarmte sich die Sonne und verwandelte sie in eine hochragende Pflanze mit einer großen gelben Blüte. Die große gelbe Blüte drehte sich sogleich der Sonne zu, und das macht sie noch heute. Die Menschen nannten sie Sonnenblume.

Vom Prinzen und dem Mädchen aus dem Lorbeerbaum

Manchmal versteckt sich das Glück in einer Erbse, der Mensch weiß nichts davon, verliert die Erbse, und das Glück geht an ihm vorbei.

Es lebte einmal eine arme Frau, die hatte keine Kinder. Oft blieb sie vor einem Lorbeerbaum in einer Ecke des Gartens stehen, der viele Früchte trug.

„Du hast so viele Beeren, und ich habe nicht ein einziges Kind. Wenn ich doch nur eins bekäme, und wäre es auch nur so groß wie eine deiner Beeren."

Der Wunsch der armen Frau ging in Erfüllung, ohne daß sie je davon erfahren hat. Eines Tages flog eine weiße Taube zu ihr hernieder und warf ihr eine Lorbeere in den Schoß. Die Frau wunderte sich darüber, steckte die Beere in die Schürzentasche und nahm sich vor, sie möglichst bald einzupflanzen. Dann aber vergaß sie es, und nach einiger Zeit verlor sie die Lorbeere auf einer Wiese weit hinter dem Dorf. Die Beere versank in die Erde, und über Nacht wuchs daraus ein goldener Lorbeerbaum empor, der glänzte in der Sonne, daß einem die Augen übergingen. Von allen Seiten eilten die Menschen herbei. Am dritten Tag kam mit großem Gefolge der Sohn des Königs, um sich den herrlichen goldenen Lorbeer anzuschauen, und ließ sein Zelt darunter aufschlagen.

Der Prinz konnte sich an dem Lorbeerbaum gar nicht satt sehen. Am Morgen ritt er zur Jagd, aber wenn er zurückkehrte, setzte er sich unter den Baum, schaute durch das Gezweig und lauschte dem Rauschen der Blätter, das klang, als wollten sie ihm etwas erzählen. Nun, der goldene Lorbeer konnte tatsächlich sprechen. Und bald sollte der Prinz es verstehen.

Als er eines Tages das Mittagessen gekostet hatte, ließ er den Koch rufen.

„Was hast du gemacht?“ fuhr der Prinz ihn an. „Das Essen ist ganz und gar versalzen!“

Wie hätte es auch anders sein sollen! Als der Koch am Morgen im nahen Hain Kräuter suchen gegangen war, hatte aus dem Lorbeerbaum eine Stimme gerufen: „Lorbeer oben, Lorbeer unten, öffne dich, laß mich hinaus!“

Da hatte sich der Stamm geöffnet und ein wunderschönes Mädchen in goldenem Gewand war herausgetreten. Das hatte sich vorsichtig umgeschaut, und als es nirgends eine Menschenseele erblickt hatte, flink von allen Gerichten gekostet und dann eine Handvoll Salz in jeden Topf gestreut. Danach war es zu dem Baum zurückgegangen und hatte gerufen: „Lorbeer oben, Lorbeer unten, öffne dich, laß mich ein!“

Gehorsam hatte sich der goldene Lorbeer geöffnet, und als er sich hinter dem Mädchen wieder geschlossen hatte, war außer dem Salz im Essen keine Spur von ihm zurückgeblieben.

Der arme Koch aber hatte von all dem nicht die geringste Ahnung. Er schwor, wie an jedem anderen Tag gekocht zu haben, doch das nützte nichts, das Mittagessen war verdorben, und der Prinz mußte sich mit einem trockenen Stück Brot zufriedengeben. Am nächsten Tag war es nicht anders. Der Koch gab sich Mühe wie niemals zuvor, aber als sich der Prinz an die Tafel setzte, war das Essen wieder nicht zu genießen.

Das konnte auch gar nicht anders sein, denn während der Koch Kräuter gesucht hatte, war wieder das schöne Mädchen aus dem Lorbeerbaum gestiegen, hatte flink von allem ein Häppchen gegessen und dann reichlich Salz an das Essen getan.

Der arme Koch! Hatte er doch sicherheitshalber diesmal nicht die winzigste Prise Salz an das Essen getan. Und dennoch war das Mittagessen ungenießbar, und der Prinz mußte sich abermals mit trockenem Brot zufriedengeben.

Am dritten Tag sagte sich der Königssohn, daß er nun wohl hinter das Geheimnis kommen müsse. Er schickte sein Gefolge zur Jagd, er selbst aber versteckte sich, von niemandem gesehen, in seinem Zelt. Um die Mittagszeit begab sich der Koch wieder auf die Suche nach Kräutern. Alsbald ertönte aus dem Lorbeerbaum die Stimme: „Lorbeer oben, Lorbeer unten, öffne dich, laß mich hinaus!“

Der Prinz traute den eigenen Ohren nicht. Er schaute

durch einen Spalt des Zeltes, und fast blieb ihm der Atem stehen. Der Stamm tat sich auf, ein wunderschönes Mädchen im goldenen Gewand trat heraus. Vorsichtig blickte es sich um, und weil es sich auch diesmal unbeobachtet fühlte, kostete es flink von allem, was der Koch zubereitet hatte. Kaum aber griff es zum Salz, da sprang der Prinz aus dem Zelt und faßte es bei der Hand.

„Du also versalzt mir täglich mein Essen!“ rief er.

Und ohne lange zu zögern, umarmte und küßte er es. Das schöne Mädchen entwand sich seinen Armen und lief zu dem Baum.

„Lorbeer oben, Lorbeer unten, öffne dich, laß mich ein!“

Aber der goldene Lorbeer tat sich nicht auf, der goldene Lorbeer sprach: „Jemand hat dich umarmt, jemand hat dich geküßt, du kannst nicht mehr zurück.“

Und im selben Augenblick vertrocknete der Baum.

Das Mädchen begann zu weinen.

„Was soll jetzt aus mir werden?“

Der Prinz nahm es in die Arme und sprach: „Weine nicht, schönes Mädchen, ich werde für dich sorgen.“

Und dann setzten sie sich zu Tisch, und der Prinz rief sein Gefolge und befahl, Zweige zu sammeln und dem Mädchen darauf ein weiches Lager zu bereiten. Zufrieden schlief die Schöne bis in den nächsten hellen Tag hinein. Als sie aber erwachte und sich umschaute, waren der Prinz und sein Gefolge verschwunden. Noch vor Morgengrauen hatte der Jüngling die Zelte abreißen lassen und war leise davongeritten. Er wollte das Mädchen bestrafen, weil es ihm zweimal das Mittagessen versalzen hatte. Das begann zu weinen, machte sich dann aber auf den Weg und folgte mutig der Spur des Prinzen. Nach einer Weile traf es einen alten Mann zu Pferde. Höflich grüßte es und bat: „Guter Alter, hilf mir. Überlaß mir für meinen goldenen Mantel deinen zerrissenen, für mein goldenes Stirnband deinen zerlöcherten Hut, für meinen goldenen Ring dein lahmes Pferd!“

Mit Freuden gab der Alte dem Mädchen, was es verlangte. Allein für den goldenen Ring würde er zehn stattliche Pferde bekommen. Das Mädchen warf die zerlumpten Kleider über, sprang auf das lahme Pferd und ritt weiter, der Spur nach. Am Abend hatte es den Prinzen eingeholt. Aber der erkannte es nicht. „Sag Wanderer, wohin führt der Weg, und was hast du unterwegs gesehen?“ fragte er.

Da sagte das Mädchen: „Von weither komme ich, und ich sah einen goldenen Lorbeerbaum, der ganz vertrocknet war.“

Als der Prinz das hörte, seufzte er tief und fragte: „Und was sahst du noch?"

„Ich sah ein wunderschönes Mädchen. Es ging den Weg entlang und klagte: ‚Was hab ich getan, mein Glück, daß du mich verläßt?' "

Der Prinz seufzte abermals, und Tränen traten ihm in die Augen.

Erst nach einer Weile fragte er zum dritten Mal:

„Was hast du noch gesehen, Wanderer?"

Das Mädchen in den Männerkleidern antwortete:

„Ich sah, wie die Schöne hinter dem Berg verschwand, als hätte die Erde sie verschlungen."

„So werde ich sie niemals wiedersehen", rief voller Verzweiflung der Prinz.

„Komm mit mir, Wanderer, damit ich jemanden habe, mit dem ich über sie sprechen kann."

Traurig kehrte der Jüngling auf die königliche Burg zurück. Dort wurde eine Hochzeit vorbereitet, denn vor einem Jahr hatten der König und die Königin eine Braut, eine Prinzessin aus einem fernen Land, für ihren Sohn ausgewählt, und nun sollte schon in drei Tagen das große Fest beginnen. Aber der arme Prinz ging mit gesenktem Haupt einher und dachte an das schöne Mädchen aus dem Lorbeerbaum. Er bereute, daß er es so hart bestraft hatte.

„Sag, woran denkst du, daß du sogar des Nachts nicht schlafen kannst?" fragte ihn der Wanderer.

Da sprach der Königssohn:

„Was soll ich dir erzählen, du kannst mir doch nicht helfen! Ich habe mein Glück verloren und finde es nie mehr wieder."

Aber der Gefährte des Prinzen sagte lächelnd: „Du findest es wieder, glaube mir, warte nur, bis die Zeit dafür gekommen ist."

Und die Zeit kam, ehe der Prinz es sich versah. Als er seine Braut zur Kirche führte, warf das schöne Mädchen aus dem Lorbeerbaum die alten Kleider ab, zog schnell sein goldenes Kleid an und stellte sich ans Kirchentor.

Kaum hatte der Prinz es erblickt, rief er voller Freude: „Dies ist meine echte Braut!"

Und er lief dem Lorbeermädchen entgegen, umarmte es und küßte es auf den Mund.

So hatte der Prinz sein Glück doch noch wiedergefunden, so heiratete er doch das Mädchen aus dem Lorbeerbaum. Die Prinzessin aus dem fernen Land aber vermählte sich mit seinem Bruder, und damit wurden statt einer Hochzeit gleich zwei auf einmal gefeiert. Natürlich wußten sie auch, daß das Glück sich manchmal in einer Erbse versteckt.

Daß das ihre aber aus einer Lorbeere kommen würde, hätten sie gewiß nicht gedacht.

Rosmarin und die Prinzessin aus dem Gelben Kaiserreich

Von manchen Menschen bleibt eine Erinnerung zurück, von anderen der Name, der arme Junge aber, der seine Eltern verlor, als er gerade laufen gelernt hatte, lebt durch eine Blume im Gedächtnis der Leute weiter. Weil ihm die Eltern außer einer alten Hütte nichts hinterlassen hatten, mußte er von Kindheit an allein für sich sorgen. Als er noch klein war, hütete er die Gänse der Nachbarn, später trieb er die Schafe eines reichen Gutsherrn über die Bergwiesen. Dieser Junge also hieß Rosmarin.

Eines Tages erblickte Rosmarin, während er die Schafe grasen ließ, am Rand der Hochebene zwei alte Männer. Sie näherten sich langsam, und als sie herangekommen waren, blieben sie auf ihre Wanderstöcke gestützt stehen und wünschten ihm einen guten Tag.

Der junge Schäfer bedankte sich, froh, nach langer Zeit wieder mit jemandem sprechen zu können und lud die beiden in die Sennhütte ein.

„Setzt euch und ruht ein Weilchen aus. Bestimmt seid ihr müde, denn so ein Weg ist nichts für alte Füße. Ihr solltet besser zu Hause mit den Enkeln spielen, als bei solcher Hitze durch die Berge wandern."

„Du hast recht, Junge", seufzten die zwei Alten, „aber wir haben keinen Sohn wie dich, der an unserem Lebensabend für uns sorgt."

Da seufzte auch Rosmarin.

„Ich würde mich gern um euch kümmern", sagte er, „denn ich bin mutterseelenallein auf der Welt. Mal diene ich bei diesem Herrn, mal bei einem anderen, aber wenn ihr wollt, so bleibt bei mir, und ihr werdet sehen, daß es euch gut geht."

„Nein, nein!" Die greisen Wanderer schüttelten die Köpfe. „Du hast genügend eigene Sorgen, wir wollen dir nicht noch mehr dazupacken."

„So bleibt wenigstens über Nacht hier und eßt mit mir zu Abend", sagte Rosmarin. „Ihr seid doch bestimmt hungrig."

„Hunger haben wir", nickten die beiden. Und mit Appetit machten sie sich über alles her, was Rosmarin herbeitrug. Es war nicht viel, ein bißchen warmer Maisbrei, etwas Schafskäse und Milch, aber er gab es von Herzen gern, und so ließen sich's die zwei Alten um so besser schmecken. Nach dem Abendessen machte er ihnen ein Heulager zurecht. Er selbst ging noch zu seinen Schafen und arbeitete bis tief in die Nacht hinein.

Am nächsten Tag stand Rosmarin früh auf und bereitete das Frühstück. Als die Sonne aufging, erhoben sich auch die beiden Greise. Sie wuschen sich an der Quelle und begutachteten dann Rosmarins Herde.

Die Schafe waren wohlgenährt und gut gepflegt, eine Freude, sie anzuschauen.

„Man sieht, daß sie einen tüchtigen Schäfer haben", lobte der eine. „Wir sollten ihn dafür belohnen und die Herde verdoppeln."

Der andere nickte und fragte:

„Aber wo läßt er sie? Im Pferch reicht der Platz nicht aus."

„Wir sagen ihm, daß er den Pferch bis zum Abend noch einmal so groß bauen soll", entgegnete der erste.

Da rief Rosmarin sie zur Morgenmahlzeit.

Die beiden Alten aßen und tranken, dann sprachen sie:

„Wir danken dir für die gute Bewirtung, Junge. Gern würden wir dir deine Freundlichkeit vergelten, doch wir haben nichts als gute Worte und einen Rat: „Vergrößere bis zum Abend deinen Pferch um das Doppelte!"

„Wozu brauche ich einen so großen Pferch?" fragte Rosmarin verwundert.

„Gehorche, und du wirst sehen, daß es sich lohnt", war die Antwort.

Die Greise verabschiedeten sich, gingen quer über die Wiese und verschwanden im Wald.

Rosmarin schaute ihnen nach und schüttelte den Kopf.

„Was mir so ein großer Pferch nur soll? – Na, wer weiß, wozu es gut ist."

Und er nahm die Axt und ging in den Wald.

Den ganzen Vormittag schlug Rosmarin im Walde Holz, den ganzen Nachmittag trieb er Pfähle in die Erde und flocht Gerten hindurch, und am Abend war der Pferch fertig. Er trieb die Schafe hinein, melkte sie, räumte auf und ging müde zu Bett.

Am nächsten Morgen stand er wie immer bei Sonnenaufgang auf und begab sich zu den Schafen.

Kaum hatte er den Pferch betreten, traute er seinen eigenen Augen nicht. Über Nacht hatte sich die Herde verdoppelt, und die Tiere blökten fröhlich und drängten ihrem Schäfer entgegen.

Rosmarin stieß einen Freudenschrei aus.

„Jetzt brauche ich dem Gutsherrn nicht mehr zu dienen! Lange genug habe ich seine Schafe gehütet, jetzt werde ich meine eigene Herde haben. Sicherlich gibt er mir mindestens hundert Tiere ab, bringe ich ihm doch die doppelte Anzahl!"

Er lud sein Hab und Gut auf zwei Esel, warf sich den Pelz über die Schulter, in die eine Hand nahm er die Pfeife, in die andere den Wanderstab und ließ die Schafe aus dem Pferch. Sie folgten ihm gehorsam, und die Hunde gaben auf sie acht.

Bei Sonnenaufgang brach Rosmarin mit den Schafen auf, mittags traf er auf dem Gutshof ein.

„Guten Tag, Gutsherr, ich bringe dir deine Herde. Lange genug habe ich dir treu gedient; jetzt will ich für mich selber sorgen.

Sieh nur, deine Herde ist doppelt so groß geworden. Gib mir dafür auch den rechten Lohn."

Als der Herr die riesige Herde erblickte, blitzten ihm die Augen vor Freude. Kaum aber vernahm er, daß Rosmarin seinen Lohn verlangte, da tat er, als verstehe er nicht.

„Wo willst du denn hin, Rosmarin, bleib doch, fehlt dir denn etwas bei mir?"

Aber der junge Schäfer bestand auf seinem Willen.

„Ich habe lange genug gedient, Herr, gib mir meinen Lohn!"

Da wurde der Gutsherr wütend.

„Also gut, wenn du es nicht anders willst, such dir zehn Schafe aus und geh!"

Rosmarin glaubte, er hätte nicht recht gehört.

„Zehn Schafe für so lange und treue Dienste? Hat man dergleichen je gehört? Daß dich der Himmel nur nicht dafür bestraft!"

Zornig und voller Trauer ging er zum Tor hinaus.

Als die Schafe merkten, daß ihr Schäfer sie verließ, begannen sie zu blöken, daß es allen in den Ohren gellte, die Hunde bellten, und die Esel schrien.

Der Bock, der die Herde führte, stemmte sich mit den Hörnern gegen das Tor, stieß es auf und lief Rosmarin nach, und die übrigen Böcke, die Schafe, Esel und Hunde strömten wie ein Wasserfall hinterdrein. Bevor der Gutsherr es recht begriff, bevor er mit seinem Gesinde den Tieren folgen konnte, verschwand die ganze Herde mit Rosmarin, dem Schäfer, hinter dem Wald.

Der Gutsherr mochte sie suchen, wie er wollte, er fand sie nicht; denn Rosmarin wußte, daß der Gutsherr ihn verfolgen würde, und trieb seine Herde ohne Unterlaß voran, von Wiese zu Wiese, von Hügel zu Hügel, von Berg zu Berg.

Eines Tages gelangte er zu einem Schloß, das stand mitten auf einer blühenden Wiese und strahlte schon aus der Ferne wie Gold, Silber und Edelgestein, daß dem jungen Schäfer die Augen übergingen.

In diesem Schloß wohnte der Herrscher des Landes, der Gelbe Kaiser, mit seiner einzigen Tochter, die schön war wie ein Frühlingstag.

Rosmarin war müde vom langen Wandern, und so blieb er über Nacht auf der Wiese. Am nächsten Tag stand er wie gewohnt vor Sonnenaufgang auf. Als er jedoch zu seiner Herde kam, traute er vor Verwunderung den eigenen Augen nicht.

Eines der Schafe hatte ein Lämmchen geboren, das war aus purem Gold und leuchtete wie die Sonne.

So herrlich strahlte das Lämmchen, daß selbst die Prinzessin im Schloß des Gelben Kaisers davon erwachte. Sie lief im Hemdchen zum Fenster, und als sie hinausschaute, blieb ihr fast das Herz stehen. Auf der Wiese vor dem Schloß graste

eine Herde weißer Schafe, und zwischen ihnen lief ein Lämmchen aus Gold, das glänzte wie die Sonne.

Die Sonne selbst aber stieg gerade erst hinter den Wäldern empor.

Einen Tag lang betrachtete die Prinzessin das goldene Lämmchen vom Fenster aus, am zweiten Tag ging sie auf die Wiese, um es sich von nahem anzusehen, am dritten Tag wollte sie den Schäfer um das Lämmchen bitten. Aber bevor sie dazu kam, lief das Lämmchen zu Rosmarin und sprach mit menschlicher Stimme:

„Hör zu, was ich dir sage. Wenn du das Glück finden willst, so achte auf meinen Rat und schlag hier auf der Wiese drei Purzelbäume."

„Wozu sollen die Purzelbäume nützen, goldenes Lämmchen?" fragte Rosmarin erstaunt.

Aber das Lämmchen sagte nur:

„Gehorche, und du wirst sehen, daß du es nicht bereust."

Rosmarin schüttelte zunächst ungläubig den Kopf, schlug dann aber drei Purzelbäume, und im gleichen Augenblick verwandelte er sich in eine so herrliche blaue Blume, daß es eine Freude war, sie anzusehen.

Inzwischen begab sich die Prinzessin mit ihrer Kammerzofe auf die Wiese.

Sie wollte mit dem goldenen Lämmchen spielen und dann den Schäfer bitten, es ihr zu verkaufen oder gar zu schenken. Der Schäfer aber war verschwunden, als hätte ihn der Erdboden verschluckt. Die Schafe weideten, sich selbst überlassen, und das goldene Lämmchen lief zwischen ihnen umher.

Den Schäfer fand die Prinzessin nicht, dafür aber sah sie im Gras eine wunderschöne, duftende Blume, wie sie im Leben noch keine erblickt hatte.

Sie pflückte sie und eilte, sie dem Gelben Kaiser zu zeigen.

„Schau, Vater, was ich auf der Wiese gefunden habe!"

Der Gelbe Kaiser streckte erstaunt die Hände nach der Blume aus. Doch als er sie berührte, rutschte ihm die Blüte aus den Fingern und fiel zu Boden.

Und da geschah ein großes Wunder!

Vor der Prinzessin und dem Gelben Kaiser stand plötzlich ein Jüngling, so schmuck und so stattlich, daß selbst die Sonne vergaß, zu strahlen.

Der Jüngling war Rosmarin, aber schöner als zuvor und prachtvoll gekleidet wie ein Prinz.

Als die Prinzessin ihn ansah, blieb ihr fast das Herz stehen. Sie legte dem Gelben Kaiser die Arme um den Hals, küßte

ihn und rief: „Väterchen, gib mir den Jüngling zum Mann, oder ich sterbe vor Kummer!“

Der Gelbe Kaiser liebte seine Tochter über alles. Als er aber hörte, was sie sagte, erschrak er.

„Schweig, Töchterchen, du weißt doch, daß ich dir keinen Wunsch abschlage. Doch weißt du denn, ob der schmucke Jüngling dich auch mag?“

Nun, Rosmarin sagte nicht nein.

Die Prinzessin hatte ihm vom ersten Augenblick an gefallen.

Daß sie aber seine Frau werden wollte, daran zu denken hätte er nicht gewagt.

Der Gelbe Kaiser befahl, sogleich die Hochzeit zu richten, und in drei Tagen waren Rosmarin und die Prinzessin ein Paar.

Für die Hochzeit flocht sich die Tochter des Kaisers ein Kränzchen aus den schönen, duftenden Blüten, die ihr das Glück gebracht hatten, und die am Hochzeitsmorgen plötzlich überall auf der Wiese vor dem Schloß wuchsen.

Rosmarin lebte mit seiner Gemahlin lange Jahre glücklich und zufrieden, und als er eines Tages den Thron bestieg, herrschte er weise und gerecht.

Das Andenken an ihn blieb auch nach seinem Tode erhalten.

Er hinterließ dieses Märchen und die blaue, duftende Blume.

Sie wächst überall, und die Bräute flechten daraus bis zum heutigen Tag ihren Hochzeitskranz.

Die Menschen nennen sie nach dem jungen Schäfer, der, wie ihr wißt, Rosmarin hieß.

Warum der Schnee dem Schneeglöckchen nicht schadet

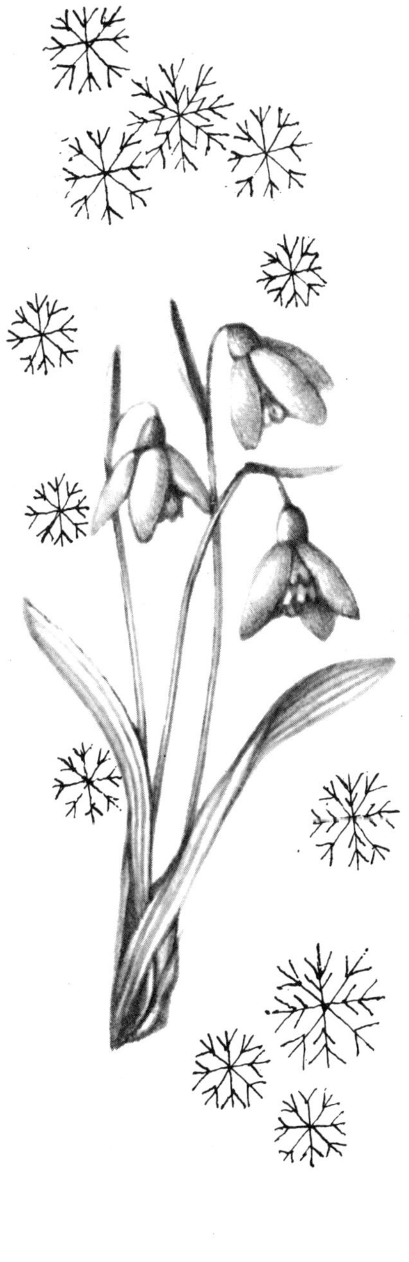

Alle Dinge hatten schon ihre Farbe, die Erde war braun, das Gras grün, die Rose rot, der Himmel blau und die Sonne golden. Nur für den Schnee war keine Farbe übriggeblieben.

Da entschloß er sich, die anderen zu bitten, ihm etwas Farbe abzugeben.

Zuerst ging er zur Erde.

„Gib mir ein wenig von deiner braunen Farbe!“ bat er. Die Erde aber schlief und antwortete nicht.

Da ging der Schnee zum Gras.

„Gras, gib mir ein wenig von deiner grünen Farbe!“

Das Gras jedoch war geizig und tat, als höre es nicht. Da begab sich der Schnee zur Rose und sprach: „Gib du mir ein bißchen rote Farbe!“

Doch die Rose wandte sich stolz zur Seite.

„Hast du ein wenig blaue Farbe übrig?“ rief nun der Schnee dem Himmel zu.

Der Himmel aber war weit und hörte ihn nicht.

Auch die Sonne bat der Schnee vergeblich, ihm von ihrer goldenen Farbe etwas abzugeben, denn die Sonne ging gerade unter und hatte keine Zeit mehr zu antworten.

So mußte der arme Schnee unverrichteterdinge weiterziehen. Schließlich blieb er vor einem bescheidenen weißen Blümchen am Waldrand stehen.

„Könntest du vielleicht ein wenig von deiner schönen Farbe entbehren?“ fragte er.

Und die Blume antwortete: „Warum nicht? Nimm dir nur, soviel du brauchst!“

So bekam der Schnee seine weiße Farbe, und bis zum heutigen Tag ist er weiß geblieben.

Die bescheidene Blume vom Waldrand aber, die heute auch in unseren Gärten blüht, heißt seither Schneeglöckchen, und ihren Blüten allein fügt der Schnee keinen Schaden zu.

Vom Schachtelhalm und dem Helden Harschit Bogdo

In einer Jurte bei einer hohen Kiefer lebte einmal ganz allein eine alte Frau. Sie hatte nichts auf der Welt als ihre sieben Kühe. Jeden Morgen trieb sie die Tiere auf die Weide, am Abend holte sie sie wieder nach Hause und melkte sie.

Eines Tages fand die Alte auf dem Heimweg in der Steppe einen Schachtelhalm mit sieben Trieben. So einen schönen Schachtelhalm hatte sie ihr Lebtag noch nicht gesehen. Sie blieb stehen, hob die Pflanze vorsichtig mit der Wurzel aus der Erde, wickelte sie in ein Tuch und eilte nach Hause. Dort legte sie den Schachtelhalm auf ihr Kopfkissen und ging die Kühe melken.

Die Alte saß kaum bei ihren Kühen, da hörte sie plötzlich aus der Jurte eine Trommel mit Glöckchen. Verwundert fragte sie: „Wer trommelt denn in meiner Jurte, wer mag gar dort tanzen? Ich will flugs nachschauen gehen."

Sogleich stand sie auf, lief in die Jurte und achtete nicht einmal darauf, daß sie dabei in der Eile den Melkeimer umstieß.

Aber in der Jurte regte sich nichts! Doch da — statt des Schachtelhalmes mit den sieben Trieben saß auf dem Kopfkissen ein wunderschönes Mädchen, dessen Augen strahlten wie zwei Edelsteine, die Augenbrauen waren dunkel wie Zobelfell, und Haare hatte es wie eine Herbstnacht. Die Alte freute sich.

„Sei gegrüßt, Mädchen, sei gegrüßt, Schachtelhälmchen, du wirst meine Tochter sein, so bin ich wenigstens nicht mehr allein", sagte sie.

Nun blieb Schachtelhälmchen in der Jurte bei der alten Frau. Ein ganzes langes Jahr lebten sie zufrieden und glücklich – bis eines Tages ein junger Jäger von weither bei ihnen erschien. Ein weißes Eichhörnchen hatte ihn hergeführt. Der junge Held, der Harschit Bogdo hieß, hatte es in der Taiga gesehen und danach geschossen. Gewöhnlich traf Harschit Bogdo, worauf er anlegte, diesmal aber hatte er das Ziel verfehlt. Das Eichhörnchen war von Kiefer zu Kiefer gesprungen, hatte sich von einer Birke zur anderen geschwungen, war von früh bis spät durch die Taiga gelaufen, und der junge Jäger war hinter ihm drein geritten – bis vor die Jurte der alten Frau.

Dort sprang das Eichhörnchen auf die hohe Kiefer. Harschit Bogdo zielte und schoß. Aber auch diesmal traf er nicht. Sein Pfeil flog durch den Rauchabzug in die Jurte.

„He, bringt mir meinen Pfeil!" rief Harschit Bogdo. Aber in der Jurte rührte sich nichts, aus der Jurte hörte er keinen Ton, die alte Frau brachte ihm den Pfeil nicht. Der junge Jäger wurde ärgerlich, zornrot im Gesicht, sprang er vom Pferd und lief in die Jurte. Kaum aber war er eingetreten, blieb er wie angewurzelt stehen. Neben einer alten Frau sah er ein Mädchen, wie er noch nie eines erblickt hatte, mit Augen strahlend wie zwei Edelsteine, mit Augenbrauen dunkel wie Zobelfell, und Haare hatte es wie eine Herbstnacht. Das schöne Antlitz nahm ihm fast den Atem. Ganz und gar vergaß er, weshalb er gekommen war. Verwirrt sprang er in den Sattel, verwirrt ritt er nach Hause. Und dort sagte er: „Väterchen, Mütterchen, ich möchte heiraten. In der Jurte bei der Kiefer lebt eine Alte, und bei dieser Alten wohnt ein wunderschönes Mädchen. So eine Schönheit hab ich nie zuvor gesehen. Geht und freit für mich um das Mädchen, sonst bin ich unglücklich bis an mein Lebensende."

Die Eltern waren einverstanden. Gleich am nächsten Tag schickten sie neun der besten Reiter zu der Alten, damit sie für ihren Sohn um das schöne Mädchen anhalten sollten. Als die Reiter die Jurte betraten, blieben sie wie angewurzelt stehen. Da saß ein wunderschönes Mädchen, dessen Augen strahlten wie zwei Edelsteine, die Augenbrauen waren dunkel wie Zobelfell, und Haare hatte es wie eine Herbstnacht. Der älteste Bote verbeugte sich vor der Alten und sprach: „Gute Frau, gib uns das wunderschöne Mädchen, gib es unserem jungen Harschit Bogdo zur Gemahlin."

Die alte Frau wußte, wer Harschit Bogdo war, sie hatte von ihm nur Gutes gehört, deshalb nickte sie und sagte: „Wenn Schachtelhälmchen selbst es möchte, will ich sie euch geben."

Da verneigte sich der älteste Bote vor dem Mädchen.

„Sag, schönes Mädchen, willst du unseren Harschit Bogdo zum Gemahl?" fragte er.

Schachtelhälmchen wußte, wer Harschit Bogdo war, sie hatte von ihm nur Gutes gehört, und der junge Held hatte ihr vom ersten Augenblick an gefallen. Deshalb sagte sie: „Wenn ihr der alten Frau gebt, was sie für mich fordert, bin ich bereit, mit euch zu ziehen."

Das versprachen die Brautwerber, und die alte Frau wünschte, daß sie Pferde und Kühe zu der Jurte trieben. „Es sollen so viele sein, daß ich keinen Platz zum Treten mehr habe. Bringt ihr mir, was ich verlange, so gebe ich euch Schachtelhälmchen."

Die Brautwerber brachten so viele Pferde und Kühe herbei, daß die Alte wahrhaftig nicht mehr wußte, wohin sie die Füße setzen sollte. Und für die Braut holten sie einen herrlichen Apfelschimmel mit silbernem Zaumzeug und goldenem Sattel.

Als sich Schachtelhälmchen auf den Schimmel setzte, sah sie wie eine Prinzessin aus. Und Harschit Bogdo ritt neben ihr wie ein stattlicher Prinz.

Das Gefolge ritt im Galopp voraus, Braut und Bräutigam folgten im Schritt. Sie unterhielten sich fröhlich, küßten sich und lachten miteinander. Da lief ihnen auf einmal ein Fuchs über den Weg. Kaum hatte der Bräutigam ihn erblickt, ließ es ihm keine Ruhe.

„Diesen Fuchs muß ich jagen!" rief er. „Reite schon weiter, liebes Schachtelhälmchen, ich hole dich wieder ein und bringe dir sein Fell. Gib acht, nach einer Weile gabelt sich der Weg. Auf die eine Seite zeigt ein Zobelfell, auf die andere ein Bärenfell. Reite nicht den Bärenweg entlang, sondern den Zobelweg, der dich zur Jurte meiner Eltern führt."

Er spornte sein Pferd an und ritt dem Fuchs hinterdrein. Schachtelhälmchen zog allein weiter, bis sie an die Wegkreuzung kam, und dort schlug sie, ganz in Gedanken versunken, den Bärenweg ein. Die Worte des Bräutigams hatte sie vergessen.

Der Bärenweg führte zu einer großen Jurte aus Eisen. Aus der Jurte kam dem Mädchen eine eiserne Drachenjungfrau mit einem Fuß, einer Hand, einem Auge und einer langen schwarzen Zunge, die ihr bis auf die Brust hing, entgegen.

„Sei gegrüßt, Schachtelhälmchen", krächzte sie, „ich habe dich schon erwartet."

Und bevor Schachtelhälmchen sich's versah, riß die Drachenjungfrau sie aus dem Sattel, zog ihr die Hochzeitskleider aus und nahm ihr das schöne Gesicht weg. Das streifte sie sich selbst über, verkleidete sich als Braut und warf das arme Schachtelhälmchen den Hunden vor. Danach setzte sich die

Drachenjungfrau in den Sattel, ritt zur Wegkreuzung und bog in den Zobelweg ein. In der Nähe der väterlichen Jurte holte der Bräutigam sie ein. Aber daß dies nicht sein Schachtelhälmchen war, bemerkte er nicht.

Aus der Jurte schritten der vermeintlichen Braut neun Jünglinge und neun schöne Mädchen entgegen, um sie zu begrüßen.

„Immer wenn die Braut ein Wort spricht", sagten die Mädchen, „werden ihr weiße Perlen aus dem Mund fallen!"

Und um die Perlen auffädeln zu können, bereiteten sie silberne Fäden vor.

„Wo die Braut den Fuß hinsetzt", sagten die Jünglinge, „werden schwarze Falken auffliegen."

Und um die Falken jagen zu können, hielten sie Pfeil und Bogen bereit.

Kaum aber brachte die Drachenjungfrau ein Wort über die Lippen, fielen ihr lauter Frösche aus dem Mund, kaum tat sie einen Schritt, liefen Mäuse und Ratten im Gras umher. Da wunderten sich die neun schönen Mädchen, da wunderten sich die neun Jünglinge.

‚Eine seltsame Braut hat sich Harschit Bogdo ausgesucht', dachten sie.

Aber was konnten die dagegen tun?

Noch am gleichen Tag begann das Fest, noch am gleichen Tag wurde gegessen und getrunken, wie es sich für eine ordentliche Hochzeit gehört. Und daß es nicht Schachtelhälmchen war, daß es nicht die wahre Braut war, die Harschit Bogdo gewählt hatte, erkannte niemand.

Während sich Harschit Bogdo, nichts Böses ahnend, auf der Hochzeit vergnügte, trieb die Alte aus der Jurte unter der Kiefer ihre Kühe nach Hause.

In der Steppe fand sie einen Schachtelhalm mit sieben Trieben. Sie blieb stehen, denn einen so schönen Schachtelhalm hatte sie schon einmal gesehen. Er glich dem, den sie ein Jahr zuvor mitgenommen hatte. Vorsichtig hob sie ihn mit der Wurzel aus der Erde, wickelte ihn in ein Tuch und eilte nach Hause.

Dort legte sie ihn auf ihr Kopfkissen und ging die Kühe melken.

Die Alte saß bei ihren Kühen, da hörte sie plötzlich aus der Jurte eine Trommel mit Glöckchen. Verwundert fragte sie:

„Wer trommelt denn in meiner Jurte, wer mag gar dort tanzen? Ich will flugs nachsehen!"

Sogleich stand sie auf, lief in die Jurte und achtete nicht

einmal darauf, daß sie dabei in der Eile den Melkeimer umstieß.

Aber in der Jurte regte sich nichts!

Doch da — statt des Schachtelhalmes mit den sieben Trieben saß auf dem Kopfkissen das Mädchen, und es war noch schöner als vorher.

„Was ist denn geschehen, daß du zurückgekommen bist?" fragte die Alte.

Da erzählte ihr das Mädchen, was ihm widerfahren war, während Harschit Bogdo hinter dem Fuchs herjagte.

„Als ich zu der eisernen Jurte kam, riß mich eine Drachenjungfrau aus dem Sattel, zog mir die Hochzeitskleider aus, nahm mir mein Gesicht weg, streifte es sich selbst über und ritt zu Harschit Bogdo. Mich aber warf sie den Hunden vor, und die schleppten meine Knochen in die Steppe. Dort wuchs ich wieder als Schachtelhälmchen auf, und von dort hast du mich wieder unter die Menschen gebracht. Aber was soll jetzt aus mir werden?"

Die alte Frau tröstete sie.

„Bleib einstweilen bei mir, so bin ich wenigstens nicht allein."

Und Schachtelhälmchen blieb in der Jurte der alten Frau leben. Sie lebten zufrieden einen ganzen Monat lang. Da erschien eines Tages ein junger Jäger bei ihnen. Das weiße Eichhörnchen hatte ihn hergeführt. Der Jäger hatte es in der Taiga erblickt und danach geschossen. Sonst traf er, worauf er anlegte, diesmal aber hatte er das Ziel verfehlt.

Das Eichhörnchen war von Kiefer zu Kiefer gesprungen, hatte sich von Birke zu Birke geschwungen, war von früh bis spät durch die Taiga gelaufen, und der junge Jäger war ihm zu Pferde gefolgt — bis vor die Jurte der alten Frau.

Dort sprang das Eichhörnchen auf die hohe Kiefer. Der Jäger zielte und schoß, aber sein Pfeil flog durch den Rauchabzug in die Jurte.

„He, Alte, bring mir meinen Pfeil!" rief er.

Aber aus der Jurte hörte er keinen Ton, und die alte Frau brachte ihm den Pfeil nicht.

Der junge Jäger wurde wütend, sprang vom Pferd und lief in die Jurte.

Kaum aber war er eingetreten, blieb er wie angewurzelt stehen. Neben der Alten sah er ein wunderschönes Mädchen.

Der junge Harschit Bogdo, denn er war der junge Jäger, traute seinen eigenen Augen nicht, er wußte nicht, ob er träumte oder wachte. Das Mädchen war sein Schachtelhälmchen, nur noch hundertmal schöner als zuvor!

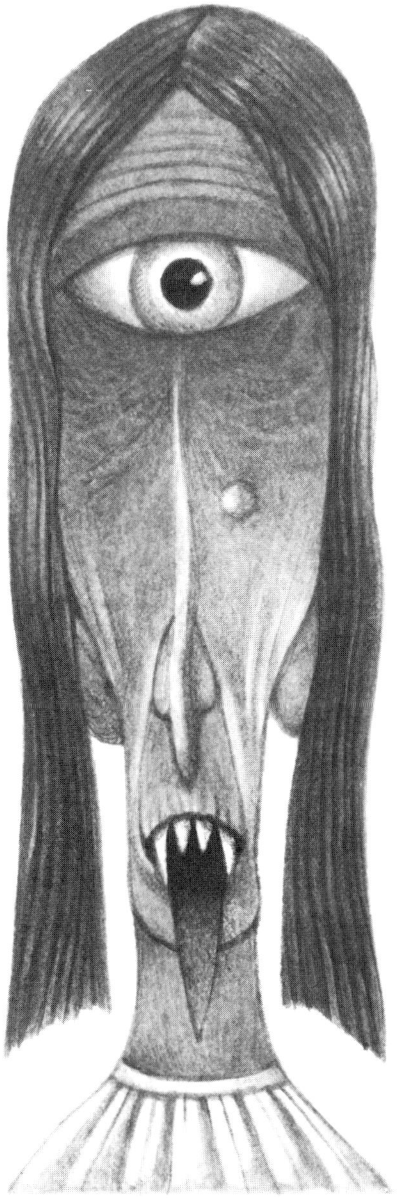

„Was machst du hier, mein Schachtelhälmchen?" fragte er.

„Ich gräme mich wegen deiner Untreue. Du hast mich verlassen, um einen Fuchs zu jagen, und nahmst eine Drachenjungfrau mit meinem Gesicht zur Frau."

Dann erzählte Schachtelhälmchen, was mit ihr geschehen war. Harschit Bogdo hörte zu, und es fiel ihm wie Schuppen von den Augen.

„Deshalb also kamen Frösche aus ihrem Mund, deshalb liefen bei jedem ihrer Schritte Mäuse und Ratten davon, deshalb fror mich jedesmal, wenn ich sie küßte."

Zornentbrannt sprang er in den Sattel, ritt nach Hause und rief dort:

„He, Frau, bring mir mein Schwert!"

Die Drachenjungfrau in der Jurte ahnte nichts Böses, gehorsam brachte sie das Schwert herbei und reichte es Harschit Bogdo.

Und Harschit Bogdo holte ohne Zögern weit aus und schlug ihr den Kopf ab.

Da erst sah er, wen er geheiratet hatte. Statt eines schönen Mädchens lag dort ein häßliches Drachenungeheuer, aus dem plötzlich eine rote Flamme aufloderte – und gleich darauf war an seiner Stelle nur noch ein Häufchen Asche zu sehen.

Nun ritt Harschit Bogdo fröhlich zur Jurte unter der hohen Kiefer, um seine echte Braut zu holen.

Und als er mit ihr zu seines Vaters Jurte kam, schritten ihnen neun Jünglinge und neun schöne Mädchen entgegen.

„Immer wenn die Braut ein Wort spricht", sagten die Mädchen, „werden ihr weiße Perlen aus dem Mund fallen!"

Und um die Perlen auffädeln zu können, bereiteten sie silberne Fäden vor.

„Wo die Braut den Fuß hinsetzt", sagten die Jünglinge, „werden schwarze Falken auffliegen."

Und um die Falken jagen zu können, hielten sie Pfeil und Bogen bereit.

Kaum war die Braut vom Pferd gesprungen, da stiegen aus dem Gras schwarze Falken auf; die Jünglinge konnten gar nicht schnell genug nach ihnen zielen.

Und als die Braut sprach, fielen aus ihrem Mund so viele weiße Perlen, daß die Mädchen Mühe hatten, sie alle aufzusammeln.

Da wunderten sich die neun Mädchen, da staunten die neun Jünglinge:

Hatte Harschit Bogdo sich aber eine Frau ausgesucht!

Und noch am gleichen Tag begann das Fest, noch am gleichen Tag wurde gegessen und getrunken, so, wie es sich für die Hochzeit von Harschit Bogdo und seinem Schachtelhälmchen gehörte.

Wie das Maiglöckchen auf die Welt kam

Ein Schäfer hatte auf der Welt nichts als eine alte Flöte, aber die ersetzte ihm alles andere. Wenn er sie in die Hand nahm, vergaß er, daß er keinen Vater und keine Mutter mehr hatte, wenn er darauf spielte, quälten ihn Hunger und Durst nicht länger, der Wald hörte auf zu rauschen, das Bächlein wurde still, und die Tiere im Gebüsch lauschten der Musik. Deshalb verlief sich auch nie eines seiner Schafe, es genügte, daß er auf der Zauberflöte spielte, und gleich kam es zurück, wo immer es auch gewesen sein mochte.

Der Schäfer diente am kaiserlichen Hof. Jeden Morgen trieb er die Schafe des Kaisers auf die Weide, des Abends kehrte er mit ihnen zurück, am Hut ein Sträußchen Blumen, wie sie im kaiserlichen Garten nicht zu finden waren.

Dieses Sträußchen bemerkte bald auch des Kaisers Tochter. Sie war schön wie die Sonne, und der Schäfer drehte sich oft heimlich nach ihr um. Aber auch die Prinzessin wandte sich nach ihm um – sie beneidete ihn um das Sträußchen am Hut.

Eines Tages schlich sie dem Schäfer heimlich auf die Wiese nach. Sie fand ihn im Schatten des Waldrandes. Alles ringsum lauschte wie verzaubert seinem Flötenspiel, und auch die Prinzessin blieb wie angewurzelt stehen. Aber der Schäfer hatte sie schon erblickt, steckte die Flöte in seinen Brotsack und verneigte sich tief.

„Was wünscht Ihr, Herrin?"

„Ich möchte solch ein Sträußchen, wie du es jeden Tag am Hut trägst!" sagte die Prinzessin und dann fragte sie: „Wo wachsen diese Blumen?"

„Tief im Wald, Herrin“, antwortete der Schäfer. „Wenn Ihr wollt, hole ich Euch so viele, wie Ihr nur wünscht.“

Aber die Prinzessin war damit nicht einverstanden.

„Ich will sie selbst pflücken, führe mich hin.“

„Es ist weit“, wich der Schäfer aus. „Der Weg führt durch Dickicht und Dornengestrüpp.“

Doch die Prinzessin befahl: „Zeige mir den Weg!“

So machte sich der Schäfer auf und führte die Tochter des Kaisers durch Sträucher und Gebüsch dorthin, wo der Wald am tiefsten war. Äste schlugen sie, Dornen rissen an ihren Kleidern und stachen ihr Hände und Füße blutig. Aber umkehren wollte die Prinzessin nicht.

Schließlich kamen sie zu einer Lichtung im Wald. Hier blühten Tausende von Blumen, wie die Prinzessin sie noch nie im Leben gesehen hatte, Vögel sangen, die sie nie gehört hatte, die Sonne strahlte wie sonst nirgends auf der Welt. Die Prinzessin lief hierhin und dorthin und pflückte mit beiden Händen die Blumen und füllte auch des Schäfers Brotsack damit.

Aber ach, der Heimweg war noch schlimmer, Äste peitschten sie, die Büsche zerrissen das Gewand der Prinzessin, Dornen zerstachen ihr Hände und Füße. Bevor sie den Waldrand erreichten, waren von dem schönen Strauß nur ein paar Blumen geblieben. Die leuchteten und dufteten bei weitem nicht mehr so wie auf der Waldlichtung. Der Prinzessin traten vor Schmerz und Zorn die Tränen in die Augen.

„Weine nicht, Herrin“, tröstete sie der Schäfer, „Ihr habt ja noch die Blumen in meinem Brotsack.“

Aber auch diese waren der Prinzessin nicht schön genug. Sie glaubte, der Schäfer behielte die besten für sich.

„Es waren mehr, wo hast du die anderen versteckt?“

„Ich habe keine mehr“, wehrte sich der Schäfer. „Schaut doch her!“

Er zeigte der Prinzessin den geöffneten Brotsack. Eine Brotkante, ein Taschenmesser und die Flöte lagen darin. Die Prinzessin griff nach der Flöte.

„Und was ist das?“

„Das ist meine Flöte“, erschrocken streckte der Schäfer die Hand danach aus.

„Wenn du mir meine Blumen nicht geben willst, nehme ich dir eben die Flöte weg!“ rief die Prinzessin.

Und schon war sie im Schloß verschwunden.

Was konnte der arme Schäfer tun? Er blieb stumm stehen, und große Tränen liefen ihm über die Wangen. Nie mehr konnte er auf seiner Flöte spielen. Für ihn gab es im Leben

keine Freude mehr. Er ging, wohin die Füße ihn trugen, und im Gras blieben seine Tränen zurück.

Die Tränen des Schäfers sind noch heute zu sehen – im Frühling, wenn die Maiglöckchen blühen.

Der Soldat und die Birke

Wer weiß, was die Bäume einander alles erzählen, wenn sie in der Abenddämmerung rauschen. Nun, bestimmt erzählen sie manchmal von dem tapferen Soldaten, der zwölf Jahre gedient und etliche Schrammen davongetragen hatte, der von den Kriegsherren ein paar Dukaten Sold erhalten hatte und dann heimgeschickt worden war.

Auf zu Hause freut sich jeder, aber wohin sollte der Ärmste, der kein Zuhause mehr hatte? Während er in der Fremde war, starben Vater und Mutter, das Haus kam unter den Hammer, und seine Brüder zogen in die weite Welt. So hatte der Soldat keinen Grund zur Eile. Er wanderte die Straße entlang, in der Hand den Wanderstab, über der Schulter den Brotsack und auf dem Kopf seine alte Soldatenmütze. Von Stadt zu Stadt, von Dorf zu Dorf wanderte er, bis eines Tages eine sechsspännige Kutsche neben ihm hielt. Ein Herr in schwarzem Mantel und Hut stieg aus und fragte: „Wohin führt dich der Weg, Soldat?"

„Wohin mich meine Füße tragen, Herr", war die Antwort.

„Möchtest du nicht in meine Dienste treten?" fragte der Mann in Schwarz.

„Es kommt drauf an, was für Dienste das sind."

„Einfache", sagte der Mann. „Ich muß hinter die sieben Meere zur Hochzeit meiner Tochter fahren und brauche jemand, der meine drei Falken füttert. Für einen Tag zahle ich dir einen Dukaten."

‚Soviel gab's beim Heer ja nicht einmal für ein ganzes Jahr', sagte der Soldat zu sich und nickte: „Abgemacht!"

„Also steig auf den Kutschbock", befahl der Fremde. Und kaum hatte das Soldatchen sich's auf dem Bock bequem ge-

macht, flogen die Pferde wie der Wind davon und hielten nach einer Weile auf dem Hof eines wunderschönen Schlosses. Der Mann führte den Soldaten hinein, zeigte ihm, wo sich was befand, und dann sprach er: „Jeden Mittag lassen sich auf dem Hof drei Falken nieder. Du wirst jedem ein Stück Fleisch hinwerfen, darin besteht deine ganze Arbeit. Dann kannst du dir das Schloß ansehen. Aber den Garten dahinter meide, denn betrittst du ihn, ergeht es dir schlecht. Hast du verstanden?"

„Verstanden", antwortete schneidig, wie es sich gehörte, der Soldat, aber bevor er etwas hinzufügen konnte, saß der Herr schon wieder in der Kutsche, und die Pferde flogen wie der Wind davon. Kurz darauf waren sie hinter der Wegbiegung verschwunden.

Im Schloß erging es dem Soldaten nicht schlecht. Jeden Mittag kamen die drei Falken geflogen, und wenn er sie gefüttert und danach selbst gegessen hatte, spazierte er durch die Gänge und schaute sich ein Gemach nach dem anderen an. Es waren ihrer so viele, daß er in einem Monat nicht durchkam.

Fast den ganzen Monat also lief der Soldat von einem Gemach ins andere, und an den Garten hinter dem Schloß dachte er dabei nicht ein einziges Mal. Aber am letzten Tag des Monats sah er aus dem Fenster des letzten Gemaches auf einen großen Garten hinunter, und mitten in dem Garten stand eine wunderschöne Birke. Kaum hatte er sie gesehen, trieb es ihn hinaus.

Ohne lange zu überlegen, eilte er die Treppe hinunter, über den Schloßhof, und schon stand er vor der Birke, die prangte in Weiß und Grün, die sah aus wie eine Braut im Hochzeitskleid.

Der Baum rauschte, als wolle er dem Soldaten etwas sagen. Der schaute hin, der hörte zu, aber was die Birke ihm sagen wollte, verstand er nicht. Er schüttelte den Kopf, zuckte die Schultern und kehrte in Gedanken versunken ins Schloß zurück.

Es ließ ihm aber keine Ruhe, und so ging er am zweiten Tag wieder in den Garten. Die Birke rauschte noch stärker, und dem Soldaten erschien es abermals, als wolle sie ihm etwas mitteilen, aber was, das verstand er wiederum nicht. Er schüttelte den Kopf, zuckte die Schultern und ging wieder ins Schloß.

Am dritten Tag war es nicht anders. Kaum zeigte sich der Soldat im Garten, rauschte die Birke so stark, daß er nicht mehr an sich halten konnte.

„Warum rauschst du so?“ fragte er den Baum.

Da antwortete die Birke mit menschlicher Stimme: „Hilf mir, Soldat, und du wirst vier Menschen retten.“

Der Soldat wußte nicht, ob er wache oder träume.

„Und was soll ich tun, liebe Birke, um dir zu helfen?“

„Im Wald hinter dem Schloß lebt ein Einsiedler. Geh zu ihm und bitte ihn, daß er dir gibt, wovon er drei Nächte lang träumte und bring es her.“

„Verstanden!“ antwortete schneidig, wie es sich gehörte, der Soldat. Und noch am selben Tag begab er sich zur Hütte des fremden Mannes.

„Was suchst du hier, Soldat?“ fragte ihn der Einsiedler.

„Dich, frommer Mann“, antwortete der Soldat, „und ich muß wissen, wovon hast du drei Nächte lang geträumt?“

„Wovon ich drei Nächte lang geträumt habe?“ sprach verwundert der alte Mann. „Schon die dritte Nacht spricht eine weiße Birke zu mir und bittet mich um mein Buch. Hier hast du es.“

Und er gab dem Soldaten das Buch, in dem er schon eine Ewigkeit las. Darin stand alles, was geschehen war und was geschehen wird.

Der Soldat nahm das Buch und eilte in den Garten.

„Ein Viertel der Arbeit ist getan“, rauschte die Birke. „Aber wenn du wirklich die vier Menschen retten willst, mußt du mir drei Nächte lang aus dem Buch vorlesen und darfst nicht aufhören, was auch um dich herum geschieht. Hast du verstanden?“

„Verstanden!“ antwortete schneidig der Soldat, und dann holte er herbei, was er brauchte: einen Tisch, um das Buch darauf zu legen, einen Stuhl zum Sitzen und drei Wachskerzen, die ihm die Nacht über leuchten sollten.

Inzwischen war es dunkel geworden, und der Soldat begann zu lesen. Kaum aber hatte er die erste Seite umgeblättert, als Tausende Eulen und Uhus auf ihn zuflogen, gefolgt von Tausenden Fledermäusen, und alle heulten, kreischten, schlugen mit den Flügeln und schwirrten ihm um den Kopf herum, es war ein Graus.

Ein anderer wäre weggelaufen, aber der Soldat erschrak nicht und las mit fester Stimme weiter. Erst als es zu dämmern begann, hob er die Augen vom Buch, und da sah er, daß aus der Birke ein Mädchen, schön wie der Morgen, bis zum Gürtel emporstieg.

„Hab Dank, Soldat“, sprach das Mädchen. „Die Hälfte der Arbeit ist nun getan, aber das Schlimmste wartet noch auf dich. Wenn du mir wirklich helfen willst, mußt du noch zwei Nächte aus dem Buch vorlesen. Hast du verstanden?"

„Verstanden!" antwortete schneidig, wie es sich gehörte, der Soldat, obwohl er sich kaum auf den Beinen halten konnte. Des Abends kam er wieder in den Garten, und als die Nacht herabsank, saß er bereits am Tisch und begann zu lesen. Kaum hatte er aber die erste Seite umgeblättert, krochen Tausende Schlangen und Scharen von Ungeziefer zu ihm hin, und eine Unmenge Nachtfalter stürzte auf ihn nieder. Sie alle zischten, sie kniffen und bissen ihn, es war kaum zum Aushalten.

Ein anderer hätte die Beine in die Hand genommen, aber der Soldat erschrak nicht und las mit fester Stimme weiter. Erst als es hell wurde, hob er den Kopf. Da sah er aus der Birke das Mädchen, schön wie der Tag, diesmal bis zu den Knien emporsteigen.

„Hab Dank, Soldat", sagte das Mädchen. „Dreiviertel der Arbeit sind getan, aber das Schlimmste steht dir noch bevor. Wenn du mir wirklich helfen willst, mußt du es noch eine Nacht aushalten. Hast du verstanden?"

„Verstanden!" antwortete schneidig, wie es sich gehörte, der Soldat, obwohl ihm die Beine fast den Dienst versagten. Und wahrhaftig, er ging auch die dritte Nacht wieder in den Garten. Sobald es dunkel wurde, saß er am Tisch und begann zu lesen. Kaum hatte er die erste Seite umgeblättert, als lauter Füchse und Wölfe auf ihn eindrangen. Sie heulten und kratzten ihn mit ihren Pfoten und Krallen, daß das Blut floß. Ein anderer hätte sich davongemacht, aber der Soldat hielt auch jetzt aus und las mit fester Stimme weiter, bis er das Buch zu Ende gelesen hatte. Als er am Morgen den Kopf hob, stand vor ihm statt der Birke das Mädchen, schöner als die Sonne. Sie nahm ihn bei der Hand, küßte ihn auf den Mund und sprach: „Hab Dank, Soldat, deine Arbeit ist getan. Du hast vier Menschen gerettet, mich und meine Brüder. Da fliegen sie schon herbei!"

Und wirklich, über dem Garten kreisten die drei Falken, die der Soldat einen Monat lang gefüttert hatte, und ließen sich auf die Erde nieder. Kaum berührten sie den Boden, da wurden aus ihnen drei stattliche Jünglinge. Es waren die Söhne des Zaren. Sie hatten sich auf den Weg gemacht, nach ihrer schönen Schwester zu suchen, die ein böser Hexenmeister entführt hatte, als sie sie aber in der Birke entdeckten, verzauberte sie der Hexenmeister in drei Falken. Der tapfere Soldat brach den Bann. Und als der Hexenmeister am nächsten Tag von der Hochzeit seiner Tochter zurückkam, fand er das Schloß leer. Die Prinzessin Birke war mit ihren Brüdern längst geflohen. Gerade in diesem Augenblick fuhren sie in das Schloß ihres Vaters, des Zaren, ein.

Der alte Zar und die Zarin wollten ihren Augen nicht trauen. Schon längst hatten sie ihre Kinder verloren geglaubt, da plötzlich standen sie vor ihnen, und die Prinzessin führte an der Hand einen ausgedienten Soldaten.

„Dies ist unser Retter und mein Bräutigam", sagte sie, und der Zar und die Zarin umarmten den Soldaten wie ihren eigenen Sohn. Bevor eine Woche vergangen war, gab es auf der Burg eine große Hochzeit. Der Bräutigam war der Soldat und die Braut die einzige Tochter des Zaren. Als die Prinzessin vor das Zarenschloß hinaustrat, sah sie in ihrem Hochzeitsgewand mit dem grünen Kränzchen auf dem Haupt wie die allerschönste Birke aus.

Warum die Bäume nicht mehr bis in den Himmel reichen

Es ist schon lange her, da wuchsen die Bäume viel höher, und der Himmel wölbte sich viel niedriger als heute. Die Baumkronen durchkämmten die Wolken wie Kämme, und ihre Wipfel berührten das Himmelsgewölbe. Das war etwas für die Kinder! Sie kletterten auf den Bäumen bis in den Himmel hinauf, obwohl die älteren und klügeren Leute sich sorgten und es ihnen immer wieder verboten.

Und damit hatten sie recht. Die Kinder trieben da oben nämlich solchen Unsinn, daß es dem Himmel eines Tages zuviel wurde und er sich ein ganzes Stück in die Höhe erhob, so daß die Bäume nicht mehr zu ihm hinaufreichten. Und so ist es bis heute geblieben.

Die Bambusprinzessin

Mancher sucht das Glück in den entferntesten Gegenden, und dabei wartet es ganz in der Nähe auf ihn. Manch einer sieht es im Gold, dabei versteckt es sich gerade in einem Strohhalm. Ein alter Mann fand das Glück in einem Bambusstamm.

Der Alte lebte in einer ärmlichenHütte am Fuße des Berges Fudschi und ernährte sich und seine Frau durch das Flechten von Bambuskörben. Eines Tages ging er in den Wald, um Bambus zu holen. Plötzlich sah er, daß im Gebüsch etwas leuchtete. Das Licht kam aus einem Bambusstämmchen. Der Alte hieb es ab, spaltete es und fand darin ein wunderschönes Mädchen.

„Schon fünfzig Jahre schneide ich hier Bambus, aber so etwas ist mir noch nicht passiert", sagte der Alte verwundert.

Dann nahm er das Mädchen vorsichtig auf den Arm und lief nach Hause.

Seine Frau war sehr froh.

„So sind wir wenigstens nicht mehr allein", sagte sie, legte das Mädchen in einen Bambuskorb, und von diesem Augenblick an sorgte sie für das Kind wie für ihr eigenes.

Die Kleine wuchs zusehends, in drei Monaten war sie größer als andere Mädchen mit sechzehn Jahren. Die Alten nannten sie Prinzeßchen aus dem Bambusstamm, Bambusprinzeßchen, und konnten sich an ihrer Schönheit gar nicht satt sehen.

Seit das Mädchen in ihrer Hütte lebte, ging es den beiden gut. Die Alte wirtschaftete im Haus, das Prinzeßchen arbeitete im Garten, und der Alte ging in den Wald, Bambus holen, und in jedem Bund Bambus fand er fortan ein Goldstück.

So verging ein ganzes Jahr in Glück und Zufriedenheit. Eines Tages aber erschienen bei ihnen die Boten des Kaisers.

Sie suchten im ganzen Land die schönsten Mädchen für den Kaiserhof. Dabei kamen sie auch bei der einsamen Hütte am Fuße des Berges Fudschi vorbei. Da die Nacht schon hereinbrach, baten sie um ein Nachtlager. Sie wurden willkommen geheißen, die Alten bewirteten sie und machten ihnen in einer Kammer ein Lager zurecht. Aber die Boten taten die ganze Nacht kein Auge zu, denn aus der Kammer neben der ihren drang bis zum frühen Morgen eine solche Helligkeit, als wohnte darin der Mond.

„Womit habt ihr die ganze Nacht die Kammer beleuchtet – daß wir nicht schlafen konnten?" fragten die Boten am Morgen, kaum daß die Alten wach geworden waren.

„Wir haben kein Licht angezündet", antworteten diese. „Das Antlitz unserer Tochter, des Bambusprinzeßchens, strahlt so hell."

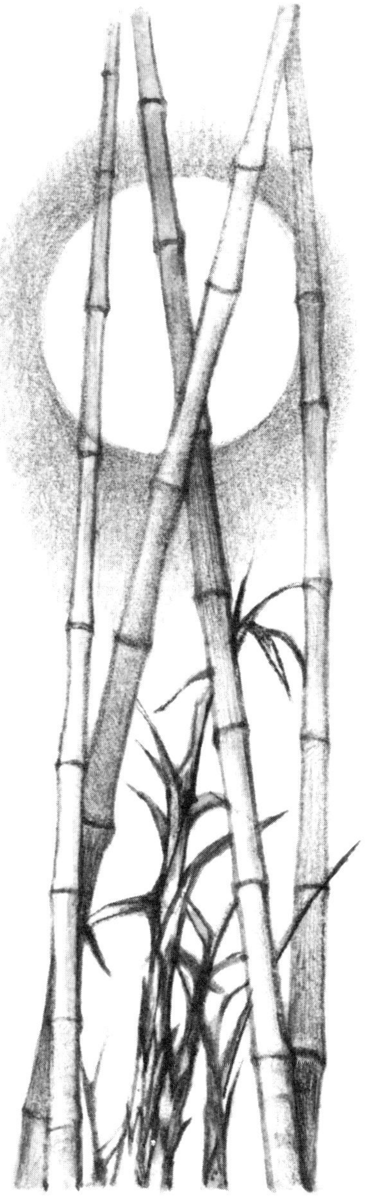

Die Fremden baten, ihnen das Mädchen zu zeigen. Da holten die Alten das Prinzeßchen herbei, und die Boten kamen aus dem Staunen nicht heraus.

„Wir suchen für den kaiserlichen Hof die schönsten Mädchen des Landes. Wenn wir dich zum Kaiser brächten, würde er dich und uns reich belohnen!"

Aber vergeblich baten sie das Prinzeßchen aus dem Bambusstamm, mit ihnen an den Hof zu gehen. Sie mußten allein zum Kaiser zurückkehren.

Als der Kaiser von den Boten hörte, was für ein schönes Mädchen in der Hütte am Fuß des Berges Fudschi lebte, entschloß er sich, allein dorthin zu reiten und sich die Schöne anzuschauen. Noch am gleichen Tag brach er mit kleinem Gefolge auf.

Aber das Mädchen weilte nicht mehr bei den beiden Alten. Kaum waren die Boten fortgeritten, hatte es sich verabschiedet.

„Nie werde ich vergessen, wie ihr für mich gesorgt habt und wie lieb ihr mich hattet. Aber jetzt muß ich von euch Abschied nehmen, um nach Hause zurückzukehren, auf den Gipfel des Berges Fudschi. Seid nicht böse, daß ich euch verlasse, und grämt euch nicht. Ich komme euch bald wieder besuchen."

Die Alten baten ihr Bambusprinzeßchen zu bleiben, als sie aber sahen, daß es nichts nützte, ließen sie es mit Tränen in den Augen gehen.

So fand der Kaiser in der Hütte nur die beiden alten Leute. Auf seine Frage nach dem Mädchen antworteten sie, es sei auf den Berg Fudschi gestiegen. Der Kaiser war sehr traurig. Nachdenklich blickte er auf den schneebedeckten Gipfel,

dann bat er den Alten, ihn auf den Berg hinauf zu begleiten.

Der Weg war lang und beschwerlich. Viermal mußten sie Rast machen, und das fünfte Mal hielten sie direkt unter dem Gipfel an. Der Kaiser nahm seine Krone vom Haupt und legte sie auf einen Stein, dann stiegen sie weiter. Als sie den Gipfel erklommen hatten, trat ihnen aus einer Höhle die Bambusprinzessin entgegen. Sie nahm den Kaiser bei der Hand und sprach: „Wenn du wirklich für immer bei mir sein möchtest, so komm mit."

Der Kaiser schaute das Mädchen an, und obwohl seine Boten ihm erzählt hatten, wie schön die Prinzessin sei, nahm ihm ihre Schönheit fast den Atem. Er folgte der Bambusprinzessin in die Höhle, und seitdem hat man beide nie wieder gesehen.

Der Alte aber kehrte ins Tal zurück, um den Menschen von der Prinzessin aus dem Bambusstamm und von dem jungen Kaiser zu erzählen.

Das Mädchen aus dem Apfelbaum

Auch die Apfelblüte hat ihr Geheimnis. Wenn ihr sie im Frühling seht, erinnert euch, daß es einmal einen jungen König gab, der ein großer Jäger war. Wann immer er konnte, ritt er in seine Wälder und jagte von frühmorgens bis spät in die Nacht.

Einmal geschah es, daß sich der junge König bei der Jagd verirrte. Plötzlich befand er sich in einer unbekannten Gegend, weit und breit nichts als öde Wüste. Der König war durstig, aber in der Wüste gab es weder Bach noch Quelle. Als ihm vor Durst die Kehle schon ganz trocken war, erblickte er vor sich einen Apfelbaum. Wer weiß, wie der dort hingekommen war! An den Zweigen hingen drei Äpfel, halb rot, halb gelb, eine Freude, sie zu betrachten. Der König lenkte sein Pferd zu dem Baum und pflückte einen der Äpfel.

Aber kaum hatte er ihn aufgeschnitten, da sprang aus dem Apfel ein wunderschönes Mädchen im bloßen Hemdchen und rief mit trauriger Stimme: „Wasser, bitte, gib mir Wasser!"

Der junge König, selbst durstig, hatte nichts, die Bitte zu erfüllen. Er schwieg und schaute das Mädchen wie verzaubert an, bis es auf einmal verschwand.

Ohne lange zu überlegen, griff der Jüngling nach dem zweiten Apfel, pflückte und zerteilte ihn.

Aber auch aus diesem Apfel sprang ein Mädchen, noch schöner als das erste und auch das bat um Wasser.

Der junge König, durstiger als zuvor, schaute es mitleidvoll an und schwieg, bis das Mädchen wieder verschwand.

Nun pflückte der König den dritten Apfel, aber ihn aufzuschneiden, brachte er nicht übers Herz, denn er dachte an das Schicksal der beiden schönen Mädchen.

‚Mit diesem Apfel ist es sicher nicht anders', sagte er sich, und ritt los, um ein Bächlein oder eine Quelle zu suchen.

Sein treues Pferd trug ihn an einen breiten Fluß. Dort sprang der König aus dem Sattel, nahm den dritten Apfel und schnitt ihn auf; und ein Mädchen im bloßen Hemdchen, schöner als die beiden ersten zusammen, stand vor ihm und rief mit trauriger Stimme: „Wasser, bitte, gib mir Wasser!"

Der König beugte sich zum Fluß hinunter, schöpfte eine Handvoll Wasser und benetzte das Mädchen von Kopf bis Fuß. Das schüttelte sich und sagte froh: „Hab Dank, Herr, daß du mich gerettet hast. Jetzt gib mir noch deinen Mantel, damit ich hier nicht im bloßen Hemd stehen muß."

Der König konnte sich an dem Mädchen gar nicht satt sehen.

„Gern geb ich dir meinen Mantel und alles, was ich besitze. Du mußt mir nur versprechen, daß du meine Frau wirst."

Dem Apfelmädchen gefiel der König.

„Gern will ich dich heiraten, wenn du es möchtest. Du darfst es dir aber nicht anders überlegen und dein Wort nicht zurücknehmen."

„Warum sollte ich mein Wort zurücknehmen?" sagte der König und lachte. „Warte hier auf mich, ich kehre bald zurück und hole dich in einer goldenen Kutsche."

Dann trieb er sein Pferd an und ließ das Mädchen allein. Daran tat er nicht gut, denn kaum war er hinter der Wegbiegung verschwunden, näherte sich dem Ufer eine häßliche Alte, die riß dem Mädchen mit der einen Hand des Königs Mantel herunter und stieß es mit der anderen in den Fluß. Das Wasser war sogleich wieder glatt wie ein Spiegel. Am Ufer blieb die Alte zurück, die warf sich den Mantel um die Schultern und erwartete den Bräutigam.

Bald darauf kam der junge König in der goldenen Kutsche angefahren, und schon aus der Ferne rief er froh: „Steh auf, schöne Jungfrau, auf dem Schloß wird die Hochzeit vorbereitet!" Doch die Freude des Jünglings dauerte nicht lange. Er sah an der Braut zwar seinen Mantel, aber ihr Gesicht erkannte er nicht mehr. Statt der schönen Jungfrau krümmte sich unter dem Mantel eine alte Hexe.

Dem König krampfte sich das Herz zusammen.

„Sag, bist du es, Apfelmädchen?" fragte er.

Die Alte krächzte: „Ja, ich bin's, nun erfülle, was du versprochen hast. Oder hast du es dir anders überlegt?"

Der Jüngling wußte nicht, was er denken sollte. War das wirklich sein Apfelmädchen? Stellte es ihn nur auf die Probe? Traurig setzte er die Alte in die goldene Kutsche und fuhr mit ihr zu seinem Schloß. Als seine Leute die Braut erblickten, als sie die schreckliche Alte sahen, zweifelten sie am Verstand des Königs. Einige lachten, die anderen weinten, es war eine traurige Hochzeit. Am traurigsten von allen aber war der Bräutigam, der darauf wartete, daß sich die Alte wieder in die schöne Jungfrau verwandelte. Aber die wurde immer häßlicher, der König konnte sie gar nicht mehr anschauen. Kaum war die Hochzeit vorbei, kehrte er allein in sein Gemach zurück und setzte sich ans Fenster. Da flog ein weißes Täubchen zu ihm herein, das nahm ohne Furcht auf seiner Schulter Platz und gurrte so traurig, daß es dem jungen König weich ums Herz wurde.

„Täubchen, was hast du mir gebracht?“ fragte er.

Mit menschlicher Stimme sprach das Täubchen:

„Junger König, gurru, gurru,
du bist betrogen, hör gut zu.
Hast dich mit großem Glanz vermählt,
doch nicht die Richtige gewählt.“

„Was sagst du da, Täubchen?“ rief verwundert der König.

Aber bevor das weiße Täubchen fortfahren konnte, schlug die Alte an die Tür des Gemachs und rief: „Öffne, König, mit wem sprichst du?“

„Mit niemandem“, antwortete der König, und das Täubchen huschte durchs Fenster in den Garten. Vergeblich durchsuchte die Alte alle Ecken.

„Ich finde schon heraus, mit wem du hier redest“, krächzte sie auf der Schwelle und schlug die Tür hinter sich zu.

Am Tag darauf war es nicht anders. Kaum war Mittag vorbei, eilte der König von der Tafel in sein Gemach und setzte sich ans Fenster. Da kam wieder das weiße Täubchen zu ihm herein und gurrte so traurig, daß es dem jungen König weich ums Herz wurde.

„Sag, Täubchen, was willst du von mir?“

Und mit menschlicher Stimme sprach das Täubchen:

„Junger König, gurru, gurru,
du bist betrogen, hör gut zu.
Hast dich mit großem Glanz vermählt,
doch nicht die Richtige gewählt.
Im Flusse muß die Echte liegen,
sanfte Wellen in Schlaf sie wiegen.“

„Was sagst du da, Täubchen?“ fragte der junge König.

Aber bevor das weiße Täubchen mehr erzählen konnte, pochte wieder die Alte an die Tür.

„Öffne, König, mit wem sprichst du?"

„Mit niemandem", antwortete der König, und die Taube schwirrte durchs Fenster in den Garten. Vergeblich durchsuchte die Hexe alle Ecken.

„Ich kriege schon noch heraus, mit wem du dauernd redest", drohte sie und schlug die Türe zu.

Auch am dritten Tag verließ der König nach dem Essen die Tafel, eilte in sein Gemach und schloß die Tür siebenmal hinter sich zu. Aber die häßliche Alte schlich sich ans Schlüsselloch und hörte und sah alles. Kaum hatte sich der König ans Fenster gesetzt, flog das weiße Täubchen auf seine Schulter und gurrte:

„Junger König, gurru, gurru,
du bist betrogen, hör gut zu.
Hast dich mit großem Glanz vermählt,
doch nicht die Richtige gewählt.
Im Flusse muß die Echte liegen,
sanfte Wellen in Schlaf sie wiegen,
ruht in des Flusses tiefer Nacht,
wer weiß, wann jemals sie erwacht."

„Was sagst du da, Täubchen?" fragte der König zutiefst erschrocken.

Aber noch ehe das weiße Täubchen mehr sagen konnte, klopfte es an der Tür. Es war der Diener des Königs, den die Alte geschickt hatte. Sie selbst holte inzwischen den Jäger und führte ihn in den Garten.

„In des Königs Gemach fliegt dauernd ein Täubchen. Wenn es herauskommt, schieße es ab. Bringst du es mir nicht, so laß ich dir den Kopf abschlagen."

Es dauerte nicht lange, und das weiße Täubchen schwirrte aus dem Fenster. Das Klopfen an der Tür hatte es aufgeschreckt. Der Jäger zielte, schoß und traf. Blutüberströmt fiel das Täubchen zu Boden. Der Jäger hob es auf und brachte es der Hexe.

„Hier hast du, was du verlangst, Herrin!"

Die häßliche Alte nahm das Täubchen und warf es in das Kaminfeuer.

„Nun bleibt auch nicht ein Federchen von dir übrig!"

Und wirklich, alles verbrannte zu Staub und Asche. Doch im Garten, wo das Täubchen zur Erde gefallen war, lagen drei Blutströpfchen. Über Nacht schlugen die Tröpfchen Wurzeln, bis zum hellen Tag wuchs aus den Wurzeln ein Sprößling, mittags war aus dem Sprößling Apfelbaum geworden, und am Abend trug der Baum eine Blüte, die einen herrlichen Duft verbreitete.

Dem alten Gärtner tat die Blüte leid.

„Spät bist du aufgeblüht, ein Apfel wird nicht mehr aus dir. Der Herbst steht vor der Tür, schon weht der Wind über die Stoppelfelder."

Und bevor der kalte Wind die Blüte abreißen konnte, pflückte sie der Gärtner und stellte sie in eine Vase ans Fenster.

Seit die Blüte im Häuschen des Gärtners war, geschahen dort wundersame Dinge. Als der Alte am ersten Tag von seiner Arbeit kam, blieb er wie angewurzelt in der Tür stehen und staunte. Alles war aufgeräumt, das Zimmer gefegt, das Bett gemacht, die Tassen und Töpfe standen ordentlich auf dem Wandbord. Dabei hatte er doch die Türe verschlossen, bevor er aus dem Haus gegangen war.

Am Tag darauf war es nicht anders. Alles war sauber und aufgeräumt, doch zu sehen war niemand. Am dritten Tag ging der Gärtner wie immer in den Garten, doch kehrte er heimlich über den Hof in die Hütte zurück. Er schlich sich in die Kammer und konnte nun beobachten, was geschah. Als es in dem Häuschen still geworden war, sprang die Apfelblüte aus der Vase, und kaum hatte sie den Fußboden berührt, wurde daraus ein wunderschönes Mädchen im bloßen Hemd, das machte sich flink an die Arbeit, schüttelte das Bett, fegte das Zimmer und ordnete Teller, Tassen und Töpfe auf dem Wandbord. Da öffnete der Gärtner die Tür. Die Jungfrau aber erschrak und rief: „Wasser, bitte, gib mir Wasser!"

Der Alte nahm eine Kanne, holte Wasser aus dem Brunnen und besprühte die Jungfrau von Kopf bis Fuß. Freudig schüttelte sie sich.

„Hab Dank, guter Mann, du hast mich gerettet. Jetzt gib mir noch einen Kittel."

Der Gärtner reichte ihr ein Kleid seiner verstorbenen Frau, dann lief er ins Schloß. Am Tor begegnete er dem jungen König.

„Kommt mit, edler Herr, und seht, was geschehen ist."

Er führte den König in sein Häuschen. Der traute seinen Augen nicht: Im Zimmer stand sein Apfelbaummädchen.

Nun erzählte die Jungfrau, was sich zugetragen hatte, wie sie von der Alten in den Fluß geworfen worden war, und von dem Jäger erzählte sie auch.

„Das weiße Täubchen war ich, der Apfelbaum unter deinem Fenster wuchs aus meinem Blut. Ich bin nun erlöst, aber meine beiden Schwestern fliegen noch immer als weiße

Täubchen umher. Wir waren nämlich drei Königstöchter, bevor uns die alte Hexe verzauberte. Erst mit ihrem Tod wird der Bann von uns weichen."

Da schwirrten zwei weiße Täubchen zum Fenster herein und setzten sich der Jungfrau auf die Schultern. Sie freuten sich, daß ihre Schwester wieder ein Mensch war. Der junge König küßte seine echte Braut, mit der falschen Königin aber nahm es ein böses Ende.

Und als auch die beiden Schwestern wieder ihre menschliche Gestalt angenommen hatten, hielten sie eine glückliche Hochzeit: der junge König und das Mädchen aus dem Apfelbaum.

Warum die Schlüsselblume keine Schätze mehr erschließt

Als es auf der Welt noch Feen gab, besaß die Schlüsselblume Zauberkraft.

Wer sie im richtigen Augenblick pflückte, dem brachte sie Glück.

Einst trieb ein Schäfer zu Frühlingsanfang seine Schafe auf die Weide, und als die Herde zu grasen begann, erblickte er nahe bei einem Felsen ein Büschel blühender Schlüsselblumen.

Er pflückte die größte und schönste und steckte sie an seinen Hut.

Nach einer Weile wurde der Hut merkwürdig schwer. Der Schäfer setzte ihn ab und blieb wie angewurzelt stehen. Statt der Blüte trug er einen Schlüssel aus purem Gold hinter dem Hutrand.

Als er den Schlüssel in die Hand nahm, erschien im selben Augenblick, wie vom Wind hergeweht, eine wunderschöne Fee.

„Fürchte dich nicht", sagte sie. „Der Schlüssel wird dir Glück bringen. Lege ihn hier auf den Felsen. Der Stein wird sich auftun, und du wirst alle Schätze der Erde erblicken. Nimm davon, soviel du willst, doch gib acht, daß du das Beste nicht vergißt."

Der Schäfer wußte nicht, ob er träumte oder wachte. Er trat zu dem Felsen, legte den Schlüssel darauf, und eine unterirdische Grotte öffnete sich, strahlend und glitzernd von Gold, Silber und Edelsteinen, daß ihm die Augen übergingen. Schnell breitete er seinen Kittel aus und packte von den Reichtümern darauf, soviel er tragen konnte. Dann warf er sich das Bündel über die Schulter und verließ die Grotte. Aber das Wichtigste, den goldenen Schlüssel, ließ er zurück.

Seither erschließt die Schlüsselblume die Schätze der Erde nicht mehr.

Und auch die Feen, die sich den Menschen zeigten, wurden nicht mehr gesehen.

Woher die Früchte stammen

Als die Erde noch ganz jung war, kannten die Menschen weder Bananen noch Ananas, sie wußten auch nichts von Kasawa und Jamswurzeln. Sie hungerten, und gleich ihnen hungerten die Tiere.

Nur der Tapir war fett, als hätte man ihn gemästet. Jeden Morgen lief er irgendwohin, am Abend kehrte er zurück und hatte den Bauch voll.

„Gewiß weiß der Tapir, wo es etwas zu essen gibt", sagten die anderen Tiere eines Abends. „Die Maus soll ihm folgen. Sie ist jung und klug, und der Tapir wird sie nicht bemerken."

Am nächsten Morgen machte sich die Maus an die Verfolgung. Lange lief sie hinter dem Tapir her, bis er mitten im Urwald bei einem Hügel anhielt. Auf dem Hügel stand ein hoher Baum, das war ein Zauberbaum. An seinen Ästen wuchsen alle Früchte der Welt, Bananen, Ananas, Kasawa und Jam, Maiskolben, Zuckerrohr und Melonen. Der Tapir sammelte auf, was vom Baum gefallen war, und fraß sich satt. Dann legte er sich hin und schlief ein.

Nun begann auch die Maus zu fressen, und sie fraß, bis ihr Bäuchlein kugelrund war. Dann eilte sie zurück, um von dem Zauberbaum zu berichten. Als Beweis nahm sie ein Maiskörnchen mit.

Menschen und Tiere freuten sich, und am nächsten Tag folgten sie alle der kleinen Maus bis zu dem hohen Baum inmitten des Urwalds. Als sie sich an den heruntergefallenen Früchten gesättigt hatten, versuchten sie, auf den Baum zu klettern. Jeder wollte einen Ast abbrechen. Aber der Stamm war zu glatt.

Da sagten die Menschen: „Wir müssen den Baum fällen."

Zehn Tage hieben sie auf den Baum ein, und er stand

immer noch. Zwanzig Tage führten sie unablässig die Axt, der Baum aber rührte sich nicht einmal. Dreißig Tage schlugen sie weiter, da endlich neigte sich der Wunderbaum zu Boden. Nun konnte sich jeder nehmen, was er wollte. Einer nahm Bananen, ein anderer Ananas, ein dritter Kasawa und der nächste die süße Jamswurzel, Mais, Zuckerrohr oder Melonen. Und was sie sich ausgesucht hatten, brachten sie in ihre Dörfer und pflanzten es in fruchtbaren Boden.

Und so verbreiteten sich die Früchte in der Welt.

Warum die Hyazinthe nur kurze Zeit blüht

In den Zeiten als noch die Götter des Olymps zur Erde hinabstiegen und sich unter die Erdbewohner begaben, herrschte auch König Amyklas.

Der Stolz seiner Frau war ihr Sohn Hyazinthus, schön, jugendlich, langhaarig. Wegen seiner männlichen Schönheit fand selbst der strahlende Gott des Lichtes Apollo an ihm Gefallen. Mit ihm ging der Gott spazieren, mit ihm streifte er durch die Berge, mit ihm jagte und wetteiferte er im Diskuswerfen.

Der schöne Jüngling liebte und verehrte seinen göttlichen Freund, gab ihm den Vorrang, und das erweckte Zorn und Neid. Auch der Gott des Windes verzieh das dem schönen Jüngling nicht und sann nach Rache.

Eines Tages maßen Apollo und sein junger Freund im Werfen ihre Kräfte.

Als erster schwang Apollo die Scheibe, warf sie hoch in die Luft, so hoch, daß sie sogar die Wolken am Himmel durchstieß. Als die Scheibe wieder auf die Erde fiel, lief der schöne Jüngling zu ihr, wollte sie aufheben, selbst werfen.

Aber die Scheibe prallte vom Felsen ab!

Der Gott des Windes schlug mit seinem heißen Atem die schwarze Scheibe dem Jüngling an den Kopf. Hyazinthus wurde bleich, und bleich wurde auch Apollo. Er fing den Jüngling mit seinen starken Armen auf und legte wunderwirkende Heilkräuter auf seine Wunden, aber das verlöschende Leben konnte er nicht mehr aufhalten.

Der schöne Jüngling sank nieder, wie eine abgerissene Blüte.

Apollo weinte, klagte und wollte auch seine Seele aushauchen. Aber dann besann er sich, er war ein Gott und durfte nicht sterben. Er wird den schönen Jüngling in seinen Liedern besingen und ihn in eine wunderschöne Blüte verwandeln.

Und bald schon schoß aus dem roten Blut des Jünglings eine wunderschöne Purpurblüte empor, die jeden Frühling blüht.

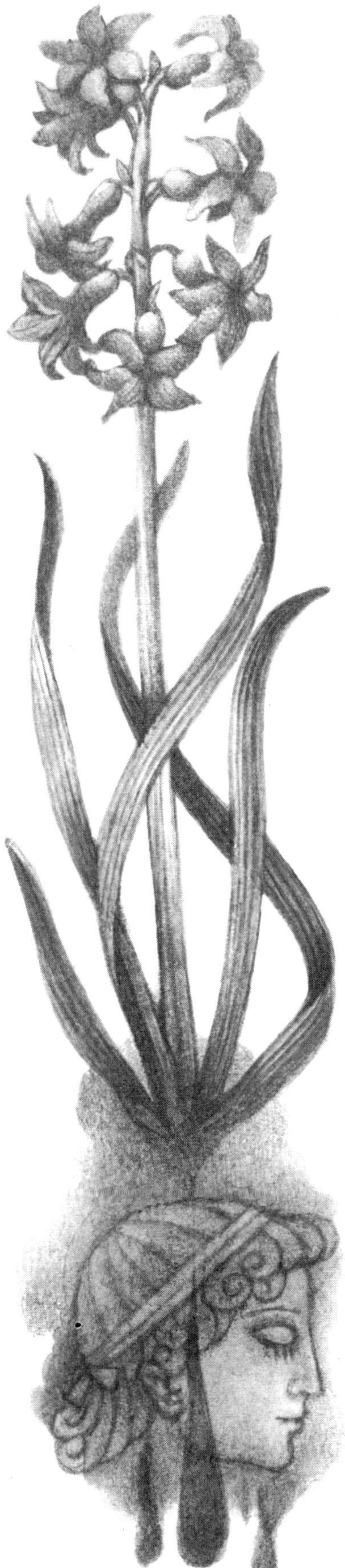

Sie blüht nur kurze Zeit, so kurz wie auch das Leben des Jünglings war.

Nach ihm erhielt sie ihren Namen, nach ihm heißen wir sie bis heute Hyazinthe.

Marianne und der Selleriekönig

Wenn ihr im Garten Karotten, Petersilie oder Sellerie habt, so hört gut zu, damit ihr Rat wißt, falls euch dasselbe zustößt, wie den drei Töchtern eines armen Häuslers.

Der Häusler kam eines Abends von der Arbeit heim und sprach zu seiner Ältesten: „Mädchen, koch mir Reis, ich habe Hunger."

Die Tochter stellte den Reistopf aufs Feuer und lief in den Garten, um etwas Gemüse zu holen. Aber auf dem Beet stand nichts mehr, nur ein Sellerie wuchs da, ein schöner Sellerie, so groß wie der Kopf eines Menschen.

Das Mädchen packte ihn bei den Blättern und zog, aber der Sellerie gab nicht nach, im Gegenteil, je kräftiger es daran zerrte, desto tiefer sank er in die Erde.

Das Mädchen wunderte sich und lief zu seiner mittleren Schwester.

„Komm und hilf mir den Sellerie herausziehen. Ich brauche ihn für den Vater zum Abendbrot."

Die Schwester lief in den Garten und packte den Sellerie bei den Blättern, aber je kräftiger sie zog, desto tiefer sank er in die Erde.

Da rief sie die jüngste Schwester, die schönste und klügste von den dreien.

„Marianne, versuch du den Sellerie herauszuziehen, wir brauchen ihn für den Vater zum Abendessen."

Als aber die Jüngste den Sellerie bei den Blättern faßte, versank er ganz, und die schöne Marianne zog er mit sich. Der Boden schloß sich über ihnen wie Wasser über einem Stein.

Unter der Erde breitete sich vor dem Mädchen eine weite, blühende Wiese aus, darauf stand ein wunderschönes Schloß mit Wänden aus Silber, Dächern aus Gold und Fenstern aus reinem Kristall.

Im Tor stand ein buckliger alter Mann mit einem langen Bart, der den Selleriewurzeln glich.

„Sei gegrüßt, Marianne, und komm herein, ich erwarte dich schon lange", sprach er und führte sie ins Schloß.

Das Mädchen wußte nicht, ob es träumte oder wachte. Bei jedem Schritt tat sich ein neues Gemach, gefüllt mit Seide, Gold und Silber, vor ihr auf, eines schöner als das andere. In einem der Gemache sprach der Alte schließlich: „Hier wirst du wohnen!"

So blieb Marianne in dem unterirdischen Schloß. Wenn sie am Morgen erwachte, fand sie neue Kleider auf dem Stuhl, kam sie mittags in den Speisesaal, wurden immer wieder neue Gerichte aufgetragen, und Abend für Abend flackerte ein lustiges Feuer im Kamin.

Bevor sie zu Bett ging, wünschte der Alte ihr eine gute Nacht.

Eine Woche verging, ein Monat verging, da fragte der Alte: „Sag, Marianne, willst du mich heiraten?"

Das Mädchen erschrak und lief ohne Antwort fort. Als er sie das zweite Mal fragte, schüttelte sie den Kopf. Beim dritten Mal aber schaute sie den Alten an. Sein Gesicht mit dem langen Bart war häßlich und alt, aber seine Augen waren so schön und voller Güte, daß sie sprach: „Wenn du es wünschst, heirate ich dich." Da küßte sie der Alte, und sie wurde seine Frau.

Zur Hochzeit überreichte er ihr die Schlüssel aller Gemächer des Schlosses.

„Neunundneunzig Zimmer darfst du betreten, aber das hundertste meide, sonst ergeht es dir und mir schlecht."

Elf Monate lebte die schöne Marianne glücklich und zufrieden, elf Monate dachte sie nicht einmal im Traum an das hundertste Gemach, aber im zwölften Monat fiel es ihr ein. Und kaum hatte sie daran gedacht, ließ sie der Gedanke nicht mehr los. Lange ging sie an der Tür vorbei, und eines Morgens schloß sie doch auf.

In dem Gemach arbeiteten viele Frauen, einige nähten, andere stickten, andere wiederum bügelten Windeln und Wickelbänder, die mit Silber und Gold herrlich verziert waren.

„Für wen näht und stickt ihr so fleißig?" fragte das Mädchen verwundert.

Zornig fuhren die Frauen herum und riefen: „Für dich, du häßliche Hexe!"

Eilends schlug Marianne die Tür zu, schloß sie ab und ging in ihr Zimmer zurück. Aber der Schreck blieb in ihrem

Herzen. Als der Alte abends zurückkam, merkte er sofort, was geschehen war. Voller Zorn und Kummer sprach er: „Was hast du getan! Hättest du nur noch kurze Zeit gewartet, bis unser Kind auf der Welt ist, so wäre ich erlöst gewesen. Jetzt aber muß ich wieder warten, und wir müssen auseinandergehen. Wer weiß, wann wir uns wiederfinden."

Gleich am nächsten Morgen führte er Marianne vor das Schloß und verabschiedete sich von ihr. Als sie sich mit Tränen in den Augen umwandte, waren der Alte mit dem Selleriebart und sein schönes Schloß verschwunden.

Was blieb der jungen Frau übrig? Sie lief, wohin sie die Füße trugen.

Nach langem Wandern gelangte sie an ein Schloß, das stand mitten in einer großen Wiese auf einem Hügel. Die weißen Mauern und die roten Dächer leuchteten, aber aus dem Innern drang kein Laut. Tiefe Trauer lag über dem Schloß; denn die Königin des Landes beweinte seit einem Jahr ihren einzigen Sohn. Eines Tages war er verschwunden, als hätte die Erde ihn verschluckt. Die Königin hatte Boten in alle Himmelsrichtungen ausgesandt, aber nicht einer war mit einer Nachricht von dem Prinzen zurückgekehrt. Seitdem saß sie Tag für Tag am Fenster ihres Gemaches und schaute auf den Weg hinaus.

Der Sohn kam nicht, aber Marianne klopfte ans Schloßtor und bat:

„Macht auf, gute Leute, laßt eine arme Wanderin bei euch übernachten!"

Die Königin selbst öffnete das Tor und sagte: „Komm herein und ruh dich aus. Wenn du willst, kannst du bei uns bleiben."

Am Tag darauf brachte Marianne einen wunderschönen Knaben zur Welt.

Die Königin schickte ihr eine goldene Wiege und dazu eine Amme, die in der Nacht bei dem Neugeborenen wachen sollte.

Kaum hatten Marianne und das Kind am Abend die Augen zugetan, ging die Tür auf, und der Alte mit dem Selleriebart stand auf der Schwelle, eine goldene Laterne mit silbernem Docht in der Hand. Bevor er eintrat sprach er:

„Meine goldene Laterne,
hell strahlt dein Licht in dunkler Nacht.
Sag, ich wüßte es so gerne,
ob meine Frau schläft oder wacht."

Und die goldene Laterne antwortete: „Sie schläft tief und fest!"

Nun kam der Alte herein, trat ans Bett seiner Frau und an die Wiege seines Söhnchens, beugte sich nieder und küßte sie beide. Er legte goldene Windeln und ein goldenes Wickelband neben das Kind, wandte sich um und sagte:

Wenn am Morgen kräht der Hahn,
geht die Sonne auf ihre Bahn,
muß ich wieder von euch scheiden,
würde gerne immer bleiben."

Marianne und ihr Söhnchen schlummerten friedlich und hörten nichts. Die alte Amme aber hatte alles beobachtet, doch bevor sie ein Wort hervorbrachte, war der Alte verschwunden. In der Ferne krähte ein Hahn, und bald darauf ging die Sonne auf.

Da lief die Amme zur Königin: „Wenn du wüßtest, Herrin, was ich heute nacht erlebt habe!"

Und sie erzählte, was sich zugetragen hatte. Die Königin wollte ihr nicht glauben.

„Das hast du sicher nur geträumt!"

Aber die Alte blieb bei ihrem Wort, und so schickte die Königin am Abend noch eine zweite Amme. Kaum waren Marianne und ihr Söhnchen eingeschlafen, öffnete sich die Tür, und auf der Schwelle stand der Alte mit dem Selleriebart. Leise sprach er:

„Meine goldene Laterne,
hell strahlt dein Licht in dunkler Nacht.
Sag, ich wüßte es so gerne,
ob meine Frau schläft oder wacht."

Und die Laterne antwortete: „Sie schläft tief und fest!"

Nun trat der Alte ein, küßte seine Frau und seinen Sohn und legte ein goldenes Hemdchen und goldene Schühchen in die Wiege. Dann wandte er sich zum Gehen und sagte:

„Wenn am Morgen kräht der Hahn,
geht die Sonne auf ihre Bahn,
muß ich wieder von euch scheiden,
würde gerne immer bleiben."

Die Mutter und das Kind schliefen, aber die beiden Ammen hörten alles. Doch bevor sie ein Wort hervorbrachten, war der Alte verschwunden. In der Ferne krähte ein Hahn, und bald darauf ging die Sonne auf.

Eilends liefen die Ammen zur Königin.

„Wenn du wüßtest, Herrin, was wir heute nacht erlebt haben!"

Und sie erzählten, was sich zugetragen hatte.

„Das habt ihr gewiß nur geträumt!" sagte die Königin, aber die Ammen blieben dabei, und so wollte sich die Königin selbst überzeugen. Sie setzte sich in eine Ecke des Gemachs und wartete. Kaum waren Marianne und ihr Söhnchen eingeschlafen, öffnete sich die Tür, und auf der Schwelle stand der Alte mit dem Selleriebart. Leise sprach er:

„Meine goldene Laterne,
hell strahlt dein Licht in dunkler Nacht.
Sag, ich wüßte es so gerne,
ob meine Frau schläft oder wacht."

Und die Laterne antwortete wieder: „Sie schläft!"

Da aber sprach die Königin: „Aber ich schlafe nicht! Sprich, wer bist du?" Und sie packte den Fremden am Mantel.

Der Alte jedoch war schneller. Er ließ der Königin seinen Mantel und verschwand. In der Ferne krähte ein Hahn, und bald darauf ging die Sonne auf.

Jetzt glaubte die Königin den Ammen. Sie hielt den Mantel des nächtlichen Besuchers in ihren Händen. In der Tasche jedoch fand sie etwas Sonderbares – dort waren Sellerieblätter eingenäht.

Da rief sie ihre Ratgeber zu sich.

„Sagt, kluge Männer, was hat das zu bedeuten?"

Lange berieten die Weisen, dann sagten sie:

„Das Beste wird es sein, Herrin, die Blätter ins Feuer zu werfen!"

Die Königin befolgte den Rat und verbrannte die Blätter. Kaum waren die letzten Funken verglüht, da hörte man auf dem Schloßhof Pferdegetrappel. Ein unerwarteter Gast war eingetroffen. Als er aus der Kutsche stieg, weinten alle vor Freude.

Es war der verlorengeglaubte Sohn der Königin, es war der Mann der schönen Marianne. Er hatte kein häßliches Gesicht mehr und auch nicht den Bart, der den Selleriewurzeln glich.

Aber die schönen, gütigen Augen waren ihm geblieben, und daran hatte Marianne ihn gleich erkannt.

Der schöne Prinz küßte seine alte Mutter und seine junge Frau und nahm seinen Sohn auf den Arm.

„Nur eure Treue und Liebe brach den Zauber der bösen Hexe. Ohne euch wäre ich bis in alle Ewigkeit der Selleriekönig geblieben!“ sagte er.

So bekam die Königin ihren Sohn zurück und Marianne ihren Mann. Der Selleriebart des Prinzen blieb für immer verschwunden, doch seinen Namen behielt er. Bis zu seinem Tode nannte man ihn allenthalben König Sellerie.

Die Rose und die Nachtigall

Wie viele Dichter haben die Liebe einer Nachtigall zu einer Rose besungen! Aber von der Liebe der Rose zur Nachtigall erzählten sie nicht, vielleicht, weil sie nichts davon wußten.

Doch die Rose hat wie jede Blume ihre Geschichte. Sie beginnt in einem wunderschönen Land am Ufer eines kalten Meeres. Dort lebte ein junger Mann, der hieß Dajnas. Er war wie eine Kiefer gewachsen, hatte ein klares Gesicht und Haare wie Flachs. Wer ihn traf, schaute ihn mit Freude an, ob Mann oder Frau, ob alt oder jung. Und besonders die Dorfschönen konnten die Blicke nicht von ihm wenden.

Sie schauten sich die Augen nach ihm aus, nur eine schien ihn nicht zu sehen, und die hieß Skajstra. Sie war wie eine Birke gewachsen, hatte ein Gesicht wie Milch und Blut und Haare wie Gold. Wer ihr begegnete schaute ihr nach, ob Mann oder Frau, ob alt oder jung. Und die Dorfburschen dachten nur an sie.

Alle Burschen träumten von Skajstra, aber einer von ihnen war ihr mit Leib und Seele verfallen, das war Dajnas. Für ihre Liebe würde er sein Leben geben, sagte er. Aber Skajstra lachte nur.

„Das sind Worte", sagte sie, wenn er davon sprach, und ließ den Burschen stehen.

Doch Dajnas war es ernst.

„Sag, was ich tun soll", bat er einmal, als sie ihn wieder abgewiesen hatte, „damit ich es dir beweise."

Da wies Skajstra höhnisch auf den reißenden Strom, der unter dem Felsen tobte.

„Wenn du dein Leben für mich geben würdest, so spring in den Fluß."

Skajstra machte sich über Dajnas lustig; sie hätte lieber weinen sollen. Ohne Zögern warf sich der Bursche in den reißenden Strom. Aber die Götter wollten seinen Tod nicht. Kaum berührte er das Wasser, verwandelte er sich in einen kleinen braunen Vogel.

Seither war im Gebüsch am Fluß Nacht für Nacht eine Nachtigall zu hören. Sie sang so lieblich, so rührend von ihrer Liebe, daß sie auch das Herz der stolzen Skajstra bewegte. Sooft das Mädchen früher vor Dajnas davongelaufen war, lief sie jetzt der Nachtigall nach. Allnächtlich eilte sie zum Flußufer und hörte ihren Liedern zu. Dabei verzehrte sie sich vor Sehnsucht, wie eine Blume vertrocknet. Und sie wäre an ihrer Liebe zur Nachtigall gestorben, doch die Götter wollten ihren Tod nicht. Als der Frühling vorbei war und die Nachtigall zu singen aufhörte, verwandelten sie Skajstra in eine hundertblättrige Rose.

Seit dieser Zeit fehlt nichts mehr an ihrem Glück. Jeden Frühling singt die Nachtigall der Rose von ihrer Liebe, und die Rose dankt es ihr mit dem Duft ihrer Blüten.

Das bestickte Beutelchen

Wenn ihr einmal eine wunderschöne, große, rote Blüte seht, so denkt daran, daß sie nicht blühen würde, hätte es nicht eine arme Witwe und ihren Sohn gegeben. Die beiden bewohnten eine ärmliche Hütte in einem Dorf. Der Sohn wurde Jung-lang genannt. Als er herangewachsen war und sich nach einer Arbeit umsah, schickte ihn die Mutter zum Onkel, damit er das Korbflechten erlerne. Der Junge war fleißig, und nach kurzer Zeit war aus ihm ein guter Handwerker geworden. Er kehrte in sein Heimatdorf zurück und begann zu arbeiten. Vom frühen Morgen bis in die tiefe Nacht flocht er Körbe. Was er in sechs Tagen geschafft hatte, verkaufte er am siebenten auf dem Markt in der Stadt. So ernährte Jung-lang mühsam, aber redlich sich und seine alte Mutter.

Eines Tages, mitten im Sommer, machte sich der Bursche mit Körben und Matten auf den Weg zum Markt. Diesmal fand seine Ware besonders schnell Käufer, so daß er außer Hirse noch einen halben Sack Reis kaufen konnte. Als er sich auf den Heimweg machte, stand die Sonne schon niedrig über den Bäumen, und als Jung-lang die Hälfte des Weges zurückgelegt hatte, fand er dort, wo sich der Weg dem Fluß näherte, ein rotes Beutelchen. Es war aus bunter Seide gefertigt und mit schönen Mustern bestickt.

Solche Beutelchen wurden in den Familien seit eh und je von der Mutter an die Tochter weitergegeben. Jedes Mädchen hütete es wie einen kostbaren Schatz.

‚Wer mag dieses Beutelchen verloren haben?' dachte Jung-lang, als er weiterging.

Am nächsten Tag stand Jung-lang zeitig auf, nahm ein Stück Bambus, ein Messer und das Beutelchen und begab sich an die Stelle, wo er es gefunden hatte. Er setzte sich am

Wegrand nieder, begann Körbe zu flechten, und wenn sich jemand auf dem Weg zeigte, rief er:

„Ein steifer Wind weht um die Ohren,
habt ihr dies Beutelchen verloren?"

Aber wer auch vorüberkam antwortete:

„Ein steifer Wind weht um die Ohren,
mir ging kein Beutelchen verloren!"

Die Sonne verschwand hinter den Bäumen, aber das Beutelchen hatte noch immer niemand abgeholt. Jung-lang nahm es in die Hand, um es sich genau anzuschauen, da fiel ein Stück weiße Seide heraus. Auf die weiße Seide war ein wunderschönes Mädchen mit glänzendem schwarzem Haar und einem lieblichen Gesicht gestickt.

Auch den zweiten Tag saß er am Wegrand, flocht Körbe und fragte die Vorüberkommenden, ob sie das Beutelchen verloren hätten. Als der Mond aufging, zog er wieder das Stück Seide mit dem Bild des schönen Mädchens hervor, das ihm noch lieblicher erschien als zuvor.

Auch am dritten Tag holte niemand das Beutelchen.

„Drei Tage schon bläst mir der Wind um die Ohren.
Wer nur hat das Beutelchen verloren?"
seufzte Jung-lang.

Doch es kam keine Antwort, nur das Mädchen auf der Seide schien leise zu lächeln. Jung-lang betrachtete es und achtete dabei nicht auf seine Arbeit. Plötzlich rutschte ihm das Messer aus, und er schnitt sich in den Finger. Ein Blutstropfen fiel auf das weiße Antlitz des Mädchens, dessen Lippen und Wangen röteten sich. Ein Windstoß erfaßte die Seide und trug sie fort. Erschrocken sprang Jung-lang auf.

Da ertönte hinter ihm ein Lachen. Er drehte sich um und sah im Mondlicht ein wunderschönes Mädchen stehen. Es hatte schwarzes glänzendes Haar, Wangen wie eine Pfingstrose, um die Taille eine feine Schärpe, und das Kleid umflatterte es wie ein Schmetterling. Jung-lang fragte:

„Ging dir dies Beutelchen verloren?"

Lächelnd sprach das Mädchen:

„Das Beutelchen gehörte mir.
Du hobst es auf und wartest hier?"

Das Mädchen nahm das Beutelchen aus seiner Hand entgegen, rührte sich jedoch nicht von der Stelle. Da sagte der Bursche:

„Es ist schon Nacht, es braust der Wind.
Wo bist du zu Hause, schönes Kind?"

Dem Mädchen stiegen die Tränen in die Augen, und es antwortete:

„Die ganze Nacht lang braust der Wind,
weiß nicht, wo ich ein Lager find."

Und als Jung-lang ihr anbot, mit zu seiner Mutter zu kommen, errötete es und sprach:

„Wir sind füreinander geboren,
dein Glück jedoch geht verloren!"

Jung-lang aber war so bewegt, daß er nicht sprechen konnte. Er nahm die schöne Hung-ku, denn so hieß das Mädchen, bei der Hand und führte sie nach Hause. Als die Mutter ihren Sohn mit einem so schönen Mädchen kommen sah, weinte sie vor Freude und empfing Hung-ku wie ihre eigene Tochter.

Seitdem lebten sie zu dritt zusammen und waren zufrieden. Nur die Armut plagte sie. Obwohl Jung-lang vom frühen Morgen bis in die tiefe Nacht Körbe flocht, reichte es kaum für eine Mahlzeit am Tag, und oft gingen sie hungrig zu Bett. Das konnte die schöne Hung-ku eines Tages nicht mehr mit ansehen. Sie öffnete das bestickte Beutelchen und entnahm ihm einen silbernen Kamm. Als sie damit einmal durch ihr dichtes schwarzes Haar fuhr, kämmte sie ein Büschel feinster Seide heraus. Sie bat ihren Mann, ihr eine Spindel und einen Webstuhl aus Bambus zu fertigen. Dann spann sie die Seide zu einem Faden, webte daraus ein Stück Stoff und stickte auf den Stoff wunderschöne Vögel und Drachen, die aussahen, als seien sie lebendig. Jung-lang trug die Stickerei zum Markt. Kaum hatte er sie auf dem Boden ausgebreitet, liefen die Käufer zusammen, und er erhielt dafür das Zehnfache dessen, was er sonst für die Arbeit eines Jahres erhalten hatte.

Seitdem glückte der Familie des Korbflechters alles. Jung-lang ging jede Woche zum Markt und kehrte singend und pfeifend mit einem schweren Sack Reis auf dem Rücken heim. Bald hatten sie so viel Geld, daß sie sich ein Stück Land und einen prächtigen Büffel kaufen konnten.

Aber das Glück des jungen Paares währte nicht lange. Eines Tages blieb der Fürst auf dem Markt vor Jung-lang stehen. Die herrlichen Stickereien, die der Bursche anbot, versetzten ihn in Erstaunen. Doch er kaufte sie nicht, schweigend winkte er seinen Dienern, die sich auf Jung-lang warfen und ihm die Stickereien entrissen.

Der Herrscher aber fragte, wer die Stickereien angefertigt habe. Die Diener antworteten:

„Hung-ku hat sie zum Markt gesandt,
die schönste Frau im ganzen Land."

Der mächtige Fürst zog die Augenbrauen zusammen.

„Wenn sie so schön ist, wie man erzählt,
bin ich schon morgen mit ihr vermählt!"

Da liefen die Diener in den Palast zurück und ließen den Drachenhund aus seinem Käfig und trugen ihm auf, die schöne Hung-ku zu rauben.

Als Jung-lang am Abend heimkam, fand er in der Hütte nur seine Mutter. Die schöne Hung-ku war vor die Tür getreten und plötzlich spurlos verschwunden. Jung-lang lief durch die Felder, er schrie und weinte, aber vergeblich.

Am Morgen darauf stellte er sich an den Wegrand und rief:

„Ich such mein weißes Täubchen schön,
habt ihr es nirgendwo gesehn?"

Die Leute schüttelten die Köpfe und antworteten:

„Du suchst dein weißes Täubchen schön?
Wir haben es nirgendwo gesehn."

Den ganzen Tag stand Jung-lang am Rande des Weges und befragte die Leute, und immer wieder antworteten sie, daß sie nichts von Hung-ku wüßten. Am Abend kamen zwei Diener des Fürsten vorbei, und als sie von seinem Kummer hörten, sprachen sie:

„Der Drachenhund entführte sie dir,
noch heute vermählt sich der Fürst mit ihr."

Weinend lief Jung-lang nach Hause.

Auch die alte Frau weinte, als sie hörte, was geschehen war, dann aber trocknete sie ihre Tränen und sagte:

„Mein Sohn, verliere nicht den Mut,
schon bald wird alles wieder gut."

Und sie nahm aus dem Schränkchen ein Päckchen mit Gift.

„Dies Gift, mein Sohn, hilft in der Not.
Frißt es der Hund, ist er gleich tot."

Dann gab sie ihrem Sohn ein Messer und ein Stück vergifteten Kuchen. Jung-lang lief damit zum Palast des Fürsten. Es war dunkle Nacht, als er über die Mauer stieg. Der Fürst und seine Soldaten saßen im großen Saal, tranken Wein und schrien alle durcheinander. Hinter der Tür eines Gemaches war das Weinen der armen Hung-ku zu hören. Auf der Schwelle lag der Drachenhund und wachte.

Jung-lang schlich sich an das Untier heran und warf ihm den vergifteten Kuchen vor. Gierig stürzte sich der Hund auf den Kuchen, schlang ihn mit einem Biß hinunter und war auf der Stelle tot.

Jung-lang zog das Messer, brach das Schloß auf, nahm Hung-ku an der Hand und lief zur Mauer. Dabei stieß er einen Soldaten an, der eingenickt war, und der Soldat schrie laut auf. Im Nu waren alle im Palast auf den Beinen. Der Fürst rief die Wachen, ließ Kerzen und Fackeln anzünden, und alle liefen den Fliehenden nach.

Jung-lang trug Hung-ku über den Hof, durch den Garten, kletterte über die Mauer und eilte zum Fluß. Am Ufer legte er sie ins Gras und sank neben ihr nieder. Seine Füße schmerzten, das Herz drohte ihm zu zerspringen, er konnte nicht weiter. Hung-ku hatte den ganzen Tag nichts gegessen und war vor Hunger ganz schwach – und die Verfolger kamen näher und näher. Als die mit Schwertern bewaffneten Soldaten nur noch wenige Schritte von ihnen entfernt waren, sagte Hung-ku:

„Lieber sterben, als mich mit dem Fürsten verbinden.

Komm, Liebster, laß uns im Wasser Ruhe finden."

Und Jung-lang und Hung-ku umarmten sich ganz fest und sprangen in den Fluß. Leise schloß sich das Wasser über ihnen.

Der Fürst stürzte in wilder Jagd heran. Doch er sah nur noch die Ringe auf dem Wasser. Mit Zornesfalten auf der Stirn kehrte er in seinen Palast zurück.

Als Jung-langs Mutter hörte, was geschehen war, eilte sie weinend ans Flußufer und begann herzzerreißend zu klagen. Sieben Tage und Nächte weinte die Alte, bis ihre Stimme versagte und blutige Tränen über ihre Wangen flossen. Am achten Tag donnerte es plötzlich, ein Platzregen ging nieder, und aus der Tiefe tauchten die Körper des treuen Jung-lang und der schönen Hung-ku auf. Die Wellen trugen sie behutsam ans Ufer. Die Liebenden hielten sich fest umschlungen, und auf ihren Gesichtern lag ein glückliches Lächeln.

Die Mutter hob am Flußufer ein Grab aus und begrub ihre Kinder. Sieben Tage und Nächte weinte sie, und blutige Tränen rannen über ihre Wangen. Am achten Tag schlief die Alte ein. Als sie erwachte, sah sie, daß aus dem Grab zwei Bäume emporgewachsen waren, deren Wurzeln sich ineinander verflochten hatten. deren Wipfel sich berührten.

Seufzend sprach die Mutter:

„Standen die Bäume hier gestern schon?
Ähneln sie nicht der Tochter, dem Sohn?"

Und sie schmiegte sich an die Stämme, als wären es ihre Kinder, und weinte wieder sieben Tage und Nächte, bis der ganze Fluß von ihren Tränen rot war. Am achten Tag trat das Wasser auseinander, und eine große Wildgans mit einer roten Krone auf dem Kopf erschien, die sprach:

„Im blutigroten Fluß ich schwamm.
Gieße fünfzig Eimer Wasser um jeden Kapokstamm."

Mit diesen Worten tauchte die Wildgans wieder unter.

Die Mutter lief nach Hause, holte zwei Eimer und begann Wasser zu tragen. Es war eine mühsame Arbeit für die alte Frau. Aber sie hielt nicht eher ein, bis sie den hundertsten Eimer mit dem blutroten Wasser herbeigeschleppt hatte. Und siehe da, an beiden Bäumen, die kaum Blätter trugen, erblühten plötzlich wunderschöne rote Blüten, wie sie die Welt noch nicht gesehen hatte.

Zwei der Blüten fielen der Alten vor die Füße, und kaum berührten sie die Erde, standen Jung-lang und Hung-ku vor ihr. Glücklich umarmten sie einander.

Doch da erscholl vom Stadttor her Pferdegetrappel und Geschrei. Soldaten stürmten heran, an ihrer Spitze der Fürst.

Jung-lang und Hung-ku schauten einander verzweifelt an. Plötzlich fiel von einem der Bäume ein Blatt. Es schwebte auf das Wasser nieder, und augenblicklich wurde daraus ein großes Boot.

Hand in Hand stiegen die drei in das Boot, das legte vom Ufer ab und flog auf dem Fluß dahin wie ein Pfeil. Bald war es ganz verschwunden, und mit ihm auch Jung-lang, seine Mutter und seine Gemahlin, die schöne Hung-ku. Wo sie hingefahren sind, fragt ihr? Das erzählt das Märchen nicht. Wahrscheinlich zu einer fernen Insel, wo die Menschen alle Zeit glücklich sind. Uns aber sind die Bäume mit den großen roten Blüten geblieben, und wer am Anfang dieses Märchens gut aufgepaßt und der Wildgans gut angehört hat, der weiß auch noch wie sie heißen.

Warum die Bäume nicht mehr sprechen können

Vor langer Zeit sprachen nicht nur die Menschen und die Tiere, sondern auch die Bäume. ,Wie schade, daß ihnen ihre Stimmen nicht bis zum heutigen Tag geblieben sind!' denkt ihr sicher, und das denke ich auch.

Aber für die Menschen damals war es nicht leicht, denn brauchte jemand eine Gerte oder brach jemand einen Ast ab, so klagte der Baum, daß es durch den ganzen Wald hallte. Und ganz schlimm wurde es, wenn ein Baum gefällt werden sollte. Da begann er herzzerreißend zu jammern und zu bitten, und die anderen Bäume jammerten und baten mit ihm.

Das verdroß die Menschen schließlich. Sie gingen zur Sonne und sprachen: „Du hast die Bäume geschaffen, damit wir Tische und Betten zimmern, damit wir Häuser und Boote bauen können. Aber du gabst ihnen auch die Sprache, und so dürfen wir nicht das kleinste Ästchen abbrechen, ohne daß sie ein großes Geschrei anstimmen."

Aber die Sonne hörte gern zu, wenn die Bäume leise sangen, und so gab sie nichts auf die Worte der Menschen. Doch eines Tages geriet die Sonne selbst in Zorn über die Bäume. Und das kam so: Als sie die Blätter an die Bäume verteilt hatte, waren alle zufrieden gewesen, nur die Fichte, die Tanne und die Kiefer nicht. Sie hatten feine, spitze Nadeln bekommen und die Nadeln fielen im Herbst auch ab, wie die Blätter bei den anderen Bäumen. Die Fichte, die Tanne und die Kiefer sagten zur Sonne:

„Diese feinen, spitzen Blätter mögen wir nicht. Gib uns andere, solche, wie kein Baum auf der Welt sie hat."

Die Sonne erfüllte ihnen die Bitte, sie bekamen Blätter aus reiner Seide. Doch der Stolz der drei Bäume währte nicht lange, denn bald waren die seidenen Blätter vom Regen völlig aufgeweicht und so beklagten die Fichte, die Tanne und die Kiefer sich abermals bei der Sonne.

„Der Regen hat unsere seidenen Blätter verdorben", sprachen sie. „Gib uns bessere!"

Da schenkte die Sonne ihnen Blätter aus reinem Kristall. Aber schon bald darauf zerbrach der Wind die kristallenen Blätter, und die Tanne, die Fichte und die Kiefer wandten sich erneut an die Sonne.

„Der Wind hat unsere Blätter zerbrochen", sprachen sie. „Gib uns bessere!"

Da wurde die Sonne böse. Sie gab den Unzufriedenen ihre alten Nadeln wieder. Nur eines gestand sie ihnen zu: Die Nadeln fielen fortan im Winter nicht mehr ab, und Regen und Wind konnten ihnen nichts anhaben.

Damit aber keiner sich je wieder bei ihr beklagen konnte, nahm die Sonne der Tanne, der Fichte, der Kiefer und allen anderen Bäumen die Sprache. Nur ihren Gesang ließ sie ihnen. Wir hören ihn noch heute – wenn der Wind über die Wipfel streicht.

Die Tochter der Lilie und des Wermuts

Im Roten Kaisereich lebte der Rote Kaiser, und weil er ein Kaiser war, war seine Frau eine Kaiserin, und kaiserlich lebten sie lange Jahre. Ihre Freude wurde nur dadurch getrübt, daß sie keine Kinder hatten. Und sie hätten auch niemals eins bekommen, wären nicht eines Tages zwei Greise am Schloßtor vorübergegangen.

Der eine fragte: „Weißt du wohl, Bruder, wer in diesem Schloß wohnt?"

„Ich weiß es, Bruder", antwortete der andere. „Hier lebt ein Kaiser mit seiner Kaiserin, und sie haben keine Kinder."

„Aber sie könnten ein Kind haben", sprach der erste Greis. „Wenn die Kaiserin ein Glas von dem Tau trinkt, der frühmorgens auf den Lilien und dem Wermut liegt, so bringt sie übers Jahr eine wunderschöne Tochter zur Welt. Dann wären die beiden endlich glücklich."

„Ja, aber das Glück wäre nicht von langer Dauer", entgegnete der zweite. „Was aus einer Pflanze entsteht, kehrt zu den Pflanzen zurück. Wenn ihre Zeit kommt, verwandelt sich das Töchterchen wieder in eine Blume."

„Deshalb ist es besser, wenn niemand etwas davon weiß, wenn niemand es der Kaiserin sagt", sprach der erste Greis. „Es brächte ihr nur Kummer."

„Du hast recht", nickte der andere, und sie gingen ihrer Wege.

Aber am Tor saß eine alte Bettlerin, die zögerte nicht lange und lief ins Schloß, um der Kaiserin zu berichten, was sie gehört hatte.

„Wenn du ein Glas von dem Tau trinkst, der frühmorgens auf den Lilien und auf dem Wermut liegt, bringst du übers Jahr ein Töchterchen zur Welt."

Davon, was die Prinzessin im Leben erwarten würde, sagte die Alte kein Wort. Doch auch wenn sie es erzählt hätte, genützt hätte es nichts. Die Kaiserin wollte nichts weiter wissen. Sie beschenkte die Bettlerin reich und befahl, am nächsten Morgen den Tau von Lilien und Wermut zu sammeln.

Übers Jahr gebar die Kaiserin ein wunderschönes Mädchen, das weiß wie eine Lilie war und dessen Haar nach Wermut duftete. Ein so schönes Mädchen hatte es auf der Welt noch nicht gegeben.

Mit der Zeit nahm ihre Schönheit noch zu. Aber die Prinzessin wurde deshalb nicht hochmütig, im Gegenteil. Sie hielt sich am liebsten im Garten auf, spazierte zwischen den Blumen umher und sprach mit ihnen. Und die Blumen gaben ihr Antwort.

Drei Jahre vergingen. Der Kaiser und die Kaiserin begannen, einen Bräutigam für die Prinzessin zu suchen. Das war nicht leicht. Zwar gab es Bewerber wie Sand am Meer. Aus aller Herren Ländern strömten sie herbei, denn die Kunde von der Schönheit der Königstochter hatte sich über die ganze Welt verbreitet. Aber die Prinzessin wollte nichts von einer Heirat wissen. Sie empfing die fremden Prinzen freundlich und unterhielt sich mit ihnen, sprachen sie aber von der Hochzeit, so sagte sie:

„Ich kann dich nicht heiraten, denn du wärst nicht glücklich mit mir." Und das sagte sie so traurig, daß ihr jeder glaubte.

So kamen immer weniger Freier, und bald zeigte sich im Schloß kein einziger mehr. Die Königstochter wurde wieder fröhlicher, der Kaiser und die Kaiserin aber grämten sich.

„Was soll nur aus dir werden, wenn wir einmal nicht mehr leben werden?"

Eines Tages aber kam noch ein Königssohn aus einem fernen Land.

Auch er hatte von der schönen Prinzessin gehört und wollte sein Glück versuchen.

Die Prinzessin empfing ihn wie alle anderen: Und als er von der Hochzeit sprach, sagte sie traurig: „Nein, ich kann dich nicht heiraten, denn du wärst nicht glücklich mit mir."

Doch der Prinz wollte ihr nicht glauben.

„Warum sollten wir miteinander nicht glücklich werden?" fragte er.

„Die Lilie im Garten hat mir erzählt", entgegnete die Prinzessin, „daß meine Zeit gekommen sei, wenn ich das Hochzeitskleid anziehe. Und der Wermut hat hinzugefügt:

‚Wenn man dir den Brautkranz aufsetzt, wirst du zu uns zurückkehren‘.“

Aber der Prinz lachte nur und rief:

„Wie soll ich das glauben, schöne Prinzessin!“

Da senkte die Königstochter den Kopf und sprach: „So magst du es denn versuchen, doch beklage dich später nicht. Soll geschehen, was geschehen muß!“

Zur Freude des alten Kaisers und der alten Kaiserin begannen die Vorbereitungen zur Hochzeit. Die Schneiderinnen nähten das Hochzeitskleid, die Gärtner wanden den Kranz für die Braut, aus allen Ländern der Welt kamen Könige und Kaiser gefahren. Wie nun alle Gäste eingetroffen waren, das Kleid fertig war und das Kränzchen bereit lag, wurde die Prinzessin für die Hochzeit geschmückt. Als man ihr aber das Hochzeitskleid anzog, wurde sie blaß und begann zu weinen, und als man ihr den Brautkranz aufsetzte, schloß sie die Augen, als berühre sie der Tod. Der Prinz umarmte und küßte sie, doch die Prinzessin verwandelte sich in seinen Armen in eine Feldblume.

Der Bräutigam beweinte sein verlorenes Glück. Statt der schönen Prinzessin brachte er Kummer und eine weiße, duftende Blüte nach Hause.

Die weiße, duftende Blume blüht heute auf vielen Feldern und Wiesen. Die Menschen nennen sie Kamille.

Die ersten Erdbeeren

Als die Erde noch jung und alles anders war, da lebten nur zwei Menschen, ein Mann und eine Frau. Der Mann ging auf die Jagd, die Frau besorgte das Haus, und sie waren glücklich. Nach einem Jahr jedoch trübte sich das Glück, und als zwei Jahre vergangen waren, verschwand es ganz. Kaum waren drei Jahre vorüber, da nahm der Streit kein Ende mehr.

Der Frau gefiel dieses Leben nicht. Sie entschied sich, fortzugehen, und machte sich auf den Weg nach Osten, wo das Sonnenland lag.

Am Abend kam der Mann von der Jagd zurück und fand das Haus leer. Er rief nach der Frau und suchte sie, doch vergebens. Ihre Spuren sagten ihm, daß sie sich nach Osten gewandt hatte.

Die Frau wanderte ohne Pause immer weiter, und der Mann folgte ihr und rief ihren Namen. Aber sie hörte es nicht und drehte sich nicht um. Der Mann konnte sie nicht einholen.

Das sah die Sonne am Himmel. Sie blieb stehen und fragte:

„Hast du deine Frau gern, Mann?"

„Ich habe sie gern!" antwortete der Mann.

„Willst du sie wiederhaben?" fragte die Sonne.

Der Mann bejahte.

Da stellte die Sonne ihm die dritte Frage.

„Wirst du dich auch weiterhin mit deiner Frau streiten?"

„Das soll nie mehr vorkommen!" gelobte der Mann.

„So werde ich sie anhalten", sagte die Sonne. Sie blinkte zur Erde hinab, und plötzlich reiften schöne Blaubeeren. Aber die Frau achtete nicht darauf und ging weiter.

Die Sonne blinkte ein zweites Mal, da standen reife Himbeeren am Wege. Doch die Frau bemerkte sie nicht und ging weiter.

Die Sonne schüttelte den Kopf und blinkte das dritte Mal. Im Gras vor der Frau reiften herrliche rote Beeren. Es waren die ersten Erdbeeren auf der Welt. So schöne Früchte hatte die Frau noch nie gesehen. Sie blieb stehen und bückte sich. Dabei wandte sie das Gesicht rückwärts, und in diesem Augenblick erinnerte sie sich an ihren Mann. Sie setzte sich ins Gras, und je länger sie so dasaß, desto stärker wurde in ihr die Sehnsucht. Da pflückte sie ein Sträußchen Erdbeeren und kehrte um. Auf halbem Wege traf sie ihren Mann. Sie reichte ihm das Erdbeersträußchen, und er nahm sie in seine Arme.

So kehrten der Mann und die Frau in die Heimat zurück. Und sie brachten die Erdbeeren mit, die so süß schmeckten wie jede Versöhnung.

Echo und Narziß

Als noch in jedem Fluß ein Gott wohnte und in jedem Baum eine Dryade, entführte der Flußgott Kepheus die Nymphe Leiriope. Die schöne Fee brachte einen Sohn zur Welt, der bereits als Säugling in jedem Herzen Liebe weckte. Sie nannte ihn Narziß. Und die Schönheit des Knaben nahm mit den Jahren noch zu. Als die Mutter den Propheten befragte, was für ein Schicksal ihren Sohn erwarte, sprach der blinde Teiresias: „Wenn er sich selbst nicht sieht, erwartet ihn ein hohes Alter."

Aber Narziß ist nicht alt geworden. Sein schönes Äußere fügte ihm Schaden zu. Wer ihn einmal erblickt hatte, wollte immer mit ihm zusammenbleiben. Die Jünglinge sehnten sich nach seiner Freundschaft, die Mädchen nach seiner Liebe. Aber Narziß wich allen aus, er floh die Freundschaft und ging der Liebe aus dem Weg. Am liebsten zog er auf der Jagd nach dem Wild allein durch die Wälder, und wie das Wild hatte er große Scheu vor den Menschen. Sie aber hielten ihn für stolz und eigensüchtig.

Die Bergnymphe Echo folgte Narziß wie ein Schatten. Sie wollte mit ihm sprechen, vermochte es aber nicht. Einst hatte die Göttin Hera sie bestraft, die sie mit ihrer Geschwätzigkeit aufgehalten hatte. Seitdem durfte Echo nur das wiederholen, was ein anderer sagte, selbst konnte sie kein Gespräch beginnen.

So mußte sie warten, bis Narziß das Wort an sie richtete. Als er einmal ein Geräusch hinter sich vernahm, rief er: „Wer ist da?"

Echo sprach ihm nach: „Wer ist da?"

Narziß schaute sich um und sah niemanden. Wieder rief er: „Wo bist du, und warum versteckst du dich vor mir?"

Und Echo wiederholte: „Warum versteckst du dich vor mir?"

„Komm und zeige dich", bat der Jüngling.

„Zeige dich", rief Echo erfreut. Sie verließ ihr Versteck und lief auf Narziß zu, um ihn zu umarmen. Aber Narziß fuhr sie hart an.

Die unglückliche Echo konnte nur sagen: „Eher sterbe ich!"

Nach kurzer Zeit ging sie wirklich an ihrer unglücklichen Liebe zugrunde. Täglich wurde sie dünner, als ob ein Baum im Garten vertrocknet, bis von ihr nur noch die Stimme übrig war. Sie versteckt sich vor den Menschen in Wäldern und Höhlen, läuft wie früher über Berg und Tal, aber niemand kann sie mehr sehen.

Noch härter verhielt sich Narziß zu einem Freund. Er schickte ihm sein Schwert, und der Freund durchbohrte sich damit auf seiner Schwelle. Das aber wollten die Götter nicht ohne Strafe zulassen.

Einmal auf der Jagd bekam Narziß gewaltigen Durst. Im Schatten der Bäume erblickte er eine Quelle. Er beugte sich zu ihr hinab und trank sich satt. Als der Wasserspiegel stillstand, erblickte er darin zum ersten Mal sein eigenes Gesicht. Gleich verliebte er sich und wollte das schöne Antlitz küssen, doch bei der Berührung kräuselte sich das Wasser, und das Bild verschwand. Da erkannte er, daß er es war, den er gesehen hatte.

Wie die Pappeln lernten, in einer Reihe zu wachsen

Als die Welt noch jung war, lebte ein Waisenjunge mit seinen drei Hunden bei seiner Großmutter. Er war ein geschickter Jäger. Mit seinen Pfeilen erlegte er viele Hirsche und so manchen Bison. In seinem Zelt gab es keinen Hunger.

Die Bisons aber beschlossen, ihn zu töten. Sie beriefen einen Rat ein, um herauszufinden, wie sie es am besten machen sollten. Und weil sie wußten, daß der Junge gern eine Frau und Söhne gehabt hätte, verwandelten sich zwei der Bisons in zwei liebliche Mädchen. Eines Abends standen sie vor dem Zelt. Die Großmutter des Jungen traute den hübschen Gesichtern nicht, die Hunde knurrten die Mädchen zornig an, aber der Junge hörte nicht auf das, was die Großmutter ihm sagte, und die Hunde band er mit einer Kette an den Pfahl. Dann bewirtete er die Mädchen aufs beste und bereitete ihnen aus weichen Fellen ein Nachtlager.

Am nächsten Morgen machten sich die Mädchen auf den Heimweg.

„Komm mit uns", luden sie ihn ein.

Die Großmutter wollte davon nichts hören.

„Er wird nicht mit euch gehen, er bleibt bei mir!"

Aber der Junge gab nichts auf ihre Worte.

„So nimm wenigstens Pfeile und Bogen mit. Du wirst sie brauchen."

Der Junge nahm den Bogen und vier Pfeile und begab sich mit den Mädchen in die Prärie.

Dort warteten bereits die Bisons. Kaum erblickten die beiden Mädchen die Herde, verwandelten sie sich in ihre ursprüngliche Gestalt zurück. Und dann umringten sie alle den Jungen.

Der entsann sich seiner Waffen und steckte einen Pfeil

in die Erde. Der Pfeil verwandelte sich in eine Pappel, und der Junge stieg in ihre Äste. Aber die Bisons gaben nicht auf. Sie zerfetzten den Stamm des Baumes mit ihren Hörnern. Wieder stach der Junge einen Pfeil in den Boden, und neben der ersten Pappel wuchs eine zweite empor, in deren Krone er hinübersprang.

Viermal bohrte der Junge Pfeile in die Erde. Viermal warfen die Bisons seinen Baum fast um. Beim fünften Male aber trieb der Junge den Bogen in den Rasen. Und der fünften Pappel konnten die Bisons nichts anhaben. Da rief der Junge nach seinen Hunden. Als er das erste Mal rief, lachten die Bisons. Als er das zweite Mal rief, verhöhnten sie ihn. Aber beim dritten Mal zerrissen die Hunde ihre Ketten und rannten in die Prärie. Die Bisonherde ergriff die Flucht.

So retteten die treuen Hunde dem Jungen das Leben. So retteten ihn Zauberpfeile und Zauberbogen. So lernten die Pappeln, in einer Reihe nebeneinander zu wachsen.

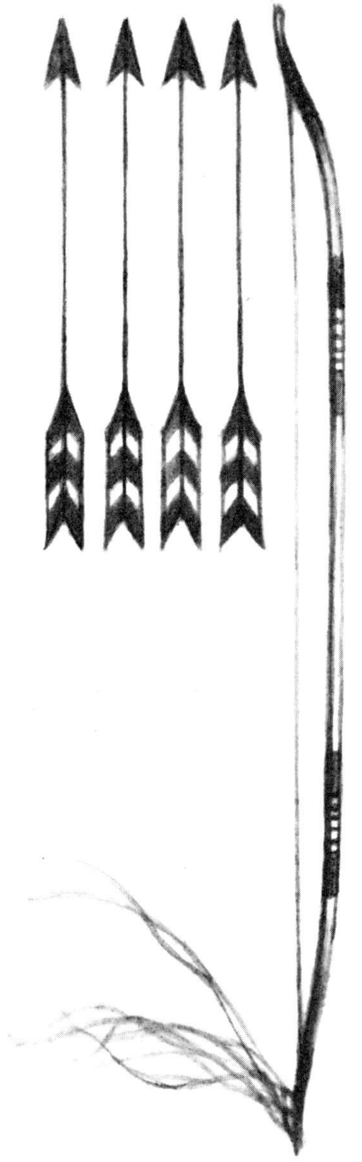

Der bunte Vogel war der Mann, der sich auf den Weg nach Norden begeben hatte. Als die Menschen zusammenliefen, krächzte er, als wollte er lachen, und flog davon. Aber den Zweig mit dem bunten Laub ließ er zurück, und seither verfärben sich die Blätter der Bäume im Herbst und fallen bald darauf ab.

Petersilie mit den schönen goldenen Haaren

Was alles wegen einem bißchen Petersilie passieren kann! Es lebten einmal ein Mann und eine Frau, die hatten keine Kinder. Lange warteten sie vergeblich, dann hatte die Frau einen eigenartigen Traum. Eine weißhaarige Alte erschien vor ihr und sprach: „Wenn du ein Kind möchtest, so iß ein wenig Petersilie, und du wirst ein Mädchen mit goldenen Haaren zur Welt bringen. Aber gib acht, es muß die Petersilie sein, die in dem Garten inmitten des Schwarzen Waldes wächst."

Damit verschwand das Mütterchen und der Traum mit ihr.

Als die Frau am Morgen erwachte, erzählte sie ihrem Mann sogleich, was sie geträumt hatte.

Er aber redete es ihr aus.

„Träume sind Schäume! Und du weißt ja wohl, was es mit dem Garten im Schwarzen Wald für eine Bewandtnis hat."

Der Zaubergarten gehörte einer mächtigen Hexe. Die Menschen wichen ihm in weitem Bogen aus. Und jetzt verlangte seine Frau, daß er von dort Petersilie holte!

Beim ersten Mal ließ sich die Frau abweisen. Aber als der Traum ein zweites und drittes Mal wiederkehrte, bat sie ihren Mann so lange, bis er sich eines Tages auf den Weg machte.

trug die gewohnten Kleider und sah so aus wie damals, als er sie zur Frau nahm.

Der Häuptling freute sich. Sein Leid wurde geringer. Er trug die Holzfigur in sein Zelt und belohnte den alten Schnitzer reichlich.

Seitdem war der Häuptling nicht mehr allein. In seinem Zelt war die schöne Frau, und er sprach mit ihr wie mit einem lebendigen Menschen. Er saß bei ihr, nahm neben ihr die Mahlzeiten ein und erzählte ihr alles, was geschah. Nur daß die Frau kein einziges Wort sagte, quälte ihn.

Eines Tages aber schien es ihm, als ob sie seufze. Der Häuptling traute zuerst seinen Ohren nicht, aber das Holzbildnis rührte sich zum zweiten Mal, es begann zu atmen und hörte nicht mehr auf. Aber sprechen und sich bewegen konnte es nicht. Des Häuptlings Herz sank wieder. Seine schöne Frau schien ins Leben zurückzukehren.

Lange lebte der Häuptling glücklich mit dem Bildnis aus Holz. Aber auch dieses Glück dauerte nicht ewig. Eines Tages, als er bei der Figur saß, vernahm er einen tiefen Seufzer! Und dann knackte es, wie wenn ein Baumstamm zerspringt. Die Frau aus Holz starb. Als er sie von der Stelle, wo sie die ganze Zeit gesessen hatte, aufhob und wegtrug, erblickte er ein Bäumchen, das aus dem Lehmboden wuchs. In kurzer Zeit durchbrach es das Zeltdach und wurde zu einem hohen, stattlichen Baum, wie ihn die Menschen im Dorf noch nie gesehen hatten.

Sie nannten ihn Rote Zeder. Die Roten Zedern wachsen überall, wo Indianer leben. Aber die größten und schönsten gibt es dort, wo der junge Häuptling und seine Frau zu Hause waren. Von nah und fern kommen die Menschen herbei und schlagen hier die Zedern. Und wenn sie einen besonders schönen hochgewachsenen Baum sehen, sagen sie: „Sie sieht aus wie die Tochter der jungen Häuptlingsfrau."

Die Sonne und das Mädchen mit den blauen Augen

Es war einmal ein Mädchen mit Haaren, so golden wie die Sonne, und Augen, so blau wie der Himmel. Aber so schön das Mädchen war, so stolz war es auch auf seine Schönheit. Den ganzen Tag betrachtete es sich in seinen Spiegeln; davon hatte es neunundneunzig, und das waren noch immer nicht genug. Sobald es das Haus verließ, wikkelte es sich in neunundneunzig Schleier ein, damit ja niemand etwas von seiner Schönheit stahl, wenn er es ansah.

So erblickte das ganze Jahr über kein Mensch sein Gesicht, und auch kein Fingerchen, ja, nicht einmal die Fußspitzen. Trotzdem verbreitete sich die Kunde von seiner Schönheit bald in der ganzen Welt, und ein Brautwerber nach dem anderen fand sich ein. Aber das Mädchen schickte sie alle fort. Selbst der junge König war ihm nicht gut genug. Vielleicht hoffte es, der Rote oder der Blaue Kaiser werde um es freien.

Die beiden Kaiser aber hatten noch nichts von seiner Schönheit vernommen. Dafür hörte die Sonne davon. Jeden Morgen blieb sie für einen Augenblick über dem Haus des Mädchens stehen, um sich zu überzeugen, was an der Nachricht wahr sei. Aber nie gelang es ihr, das Mädchen zu erblicken, sie sah höchstens einen der neunundneunzig Schleier. Einmal

„Petersilie, Petersilie,
laß dein Haar herab zu mir,
plaudern möchte ich mit dir.“

Kaum hatte sie ausgesprochen, da fielen aus dem Fensterchen die langen goldenen Flechten herunter, und die Alte kletterte daran hinauf.

Den Tag darauf überlegte der Prinz, wie er in den Turm gelangen könnte. Ein Weilchen hörte er noch dem Gesang zu, dann rief er wie die alte Hexe:

„Petersilie, Petersilie,
laß dein Haar herab zu mir,
plaudern möchte ich mit dir.“

Aus dem Fensterchen fielen die langen goldenen Haare herunter, und der Jüngling stieg daran hinauf. Als er durch das Fenster in das Kämmerchen sprang, erschrak Petersilie.

„Wer bist du, Herr, und was suchst du hier?“

Der Prinz stand nur und schaute und schaute, denn so ein schönes Mädchen hatte er noch nicht gesehen.

Nach einer Weile sagte er: „Ich bin der Sohn des Königs. Ich hörte dein Lied und sah dein Haar, die ganze Nacht fand ich keinen Schlaf. Gib mir deine Hand und sei meine Gemahlin.“

Petersilie gefiel der Prinz. Er war jung und stattlich, und Güte sprach aus seinen Augen. So reichte sie ihm die Hand und sagte: „Gern will ich deine Gemahlin werden. Doch wie soll ich von hier fortkommen? In diesem Turm gibt es weder Treppe noch Tür, und das Fenster liegt zu hoch.“

Der Prinz wußte Rat.

„Ich bringe dir jedesmal, wenn ich komme, einen Strang Leinen mit, und wenn du daraus ein Seil geflochten hast, das bis zur Erde reicht, gleitest du daran hinunter, und ich nehme dich auf mein Pferd. Aber jetzt muß ich gehen, denn die Alte wird bald hier sein.“

Schweren Herzens verabschiedete sich der Prinz und ließ sich an den goldenen Haaren des Mädchens hinab. Und das geschah gerade zur rechten Zeit. Denn kaum war er im Walde verschwunden, als die Hexe herbeikam.

Lange merkte die Alte nicht, was vorging, lange wußte sie nicht, daß Petersilie einen Bräutigam hatte, der ein stattlicher Prinz war. Am Ende aber verriet sich das Mädchen selbst.

„Weshalb dauert es bei dir immer so lange bis du heraufgestiegen bist?" fragte sie. „Der Prinz ist oben, ehe man sich's versieht."

Die Hexe erkannte gleich, was die Uhr geschlagen hatte.

„Warte, du ungeratenes Geschöpf", schrie sie. „Das sollst du mir teuer bezahlen!"

Und sie ergriff mit der einen Hand Petersilies lange goldene Flechten, mit der anderen eine silberne Schere und schnitt ihr das wunderschöne Haar ab. Dann band sie es an einen Haken am Fenster, ließ sich mit Petersilie daran herunter und führte sie tief in den Schwarzen Wald hinein. Sie überließ das Mädchen auf Gnade oder Ungnade dem Hunger und den wilden Tieren. Sie selbst aber kehrte zu dem hohen Turm zurück.

Am nächsten Morgen kam der Prinz angeritten, und wie immer rief er:

„Petersilie, Petersilie,
laß dein Haar herab zu mir,
plaudern möchte ich mit dir."

Da fielen aus dem Turmfensterchen die langen goldenen Flechten, und der Prinz stieg daran hinauf. Als er aber durch das Fenster in das Kämmerchen gesprungen war, blieb er wie angewurzelt stehen. Statt der schönen Petersilie, seiner Gemahlin, saß dort eine alte Hexe.

„Du also bist der heimliche Gast!" keifte die Alte. „Aber du kommst zu spät, deine Liebste ist fort, und niemals siehst du sie wieder."

Doch so schnell ließ sich der Prinz nicht abfertigen.

„Das werden wir sehen, und wenn ich die ganze Welt nach ihr durchsuchen sollte!"

Und ohne zu zögern sprang er aus dem Fenster. Das Dornengebüsch unter dem Turm fing ihn auf, aber die Dornen zerstachen ihm die Augen. Blind irrte der arme Prinz durch den Schwarzen Wald, löschte seinen Durst an den Quellen, nährte sich von Wurzeln und suchte ohne Rast und Ruh nach seiner geliebten Petersilie.

Wie lange er so umherzog weiß niemand. Man weiß aber, daß er eines Morgens fröhliches Lachen und ein Lied vernahm. Auf einer Waldlichtung spielten zwei kleine Kinder, ein Junge und ein Mädchen, und die Mutter sang ihnen das Lied. Dem Prinzen kam die Stimme bekannt vor. Er ging näher und breitete die Arme aus.

„Bist du es, meine liebe Frau?"

Petersilie erkannte den blinden Mann sogleich. „Ja, ich

Sterne, Schmetterlinge und Veilchen

Es war einmal und wird nie mehr sein, da lebte ein alter König. Dieser König hatte drei Söhne und eine Tochter. Die Prinzen waren mutig und klug, wie es sich gehörte, und in der ganzen Welt wurde von ihnen erzählt. Aber die Kunde von der Schönheit ihrer Schwester Ileana übertraf noch ihren Ruf. Deshalb kamen Könige und Prinzen aus allen Ländern herbeigefahren, um ihr Glück zu versuchen und um die Hand der schönen Prinzessin anzuhalten.

Viele strömten herbei, aber nur einem war das Glück hold, das war der Sohn des Königs aus dem Nachbarreich. Er war jung und schön und trug den Namen Schmucker Recke zu Recht. Ihm versprach die schöne Ileana Hand und Herz.

Der alte König sandte Boten in alle Himmelsrichtungen, um die Gäste zur Hochzeit zu laden.

Nach drei Tagen kehrten die Boten traurig zurück. An der Grenze des Reiches stand mit einem großen Heer der Feind. Statt zur Hochzeit mußte der König zum Krieg rüsten. Alle jungen Männer des Landes rief er zu sich und stellte seine Söhne an ihre Spitze. Auch der Schmucke Recke gürtete sein Schwert und zog in den Kampf. Mit einigen Getreuen blieb Ileana in der Burg zurück. Sie saß am Fenster, nähte ihrem Bräutigam das Hochzeitshemd und wartete auf Nachricht vom Schlachtfeld.

In einem goldenen Käfig hatte sie einen Zaubervogel, der mit menschlicher Stimme sprechen konnte. Als keine Nachricht aus dem Felde kam, öffnete Ileana die Käfigtür und sprach: „Fliege, Vöglein, über Berge und Täler. Bring mir Kunde von Vater und Brüdern und meinem Schmucken Recken!“

Das Vöglein breitete die Flügel aus und schwirrte durchs

Fenster davon. Ileana schaute ihm nach, bis es hinter dem schwarzen Wald verschwunden war, dann setzte sie sich hin und nähte weiter. Am Abend pickte das Vögelchen ans Fenster, und als Ileana öffnete, sagte es: ,,Hinter Berg und Tal sah ich auf dem Schlachfeld drei Brüder, wie sie tapfer mit dem Heer des Feindes rangen."

Vor Freude weinte die schöne Ileana. Ihre Tränen fielen auf das Hochzeitshemd des Schmucken Recken und aus jeder entstand ein gestickter Mondstrahl.

Das Vögelchen aber sprach weiter:

,,Als ich über Berg und Tal zurückflog, sah ich den König tot im Felde liegen, eine Wunde im Herzen!"

Da begann die schöne Ileana zu klagen. Ihre Tränen fielen auf das Hochzeitshemd des Schmucken Recken, und sie verwandelten sich in Sterne.

Tags darauf schickte die Königstochter das Vögelchen wieder aus. Mit Bangen wartete sie auf seine Rückkehr.

Am Abend pickte es ans Fenster, und als Ileana öffnete, sagte das Vögelchen:

,,Hinter Berg und Tal sah ich drei Brüder im Felde fallen am frühen Morgen!"

Ileana brach in Klagen aus. Ihre Tränen fielen auf das Hochzeitshemd für den Schmucken Recken, und aus jeder Träne entstand ein Schmetterling.

Das Zaubervögelchen aber fuhr fort:

,,Als ich über Berg und Tal zurückflog, sah ich einen Jüngling mutig mit des Feindes Heer sich schlagen. Ich eilte zur Feenquelle, nach dem Wasser, das hundertfache Kräfte verleiht. Doch zu spät — schon lag der Jüngling leblos auf dem Felde, eine Wunde im Herzen!"

Bitterlich weinte die schöne Ileana, das Hochzeitshemd, das sie für ihren Schmucken Recken nähte, wurde naß von ihren Tränen. Und jede Träne stickte eine herrliche Blume, so blau wie Ileanas Augen. Das war alles, was ihr vom Vater, den Brüdern und dem Bräutigam blieb. Sie drückte das Hemd an die Brust und befahl, die Burg anzuzünden. Als der Feind anrückte, fand er nur noch Ruinen und Asche.

Ileana floh in die Wälder. Sie nährte sich von Erdbeeren und Himbeeren und schlief unter Sträuchern und in hohlen Bäumen. Wenn ihr das Herz schwer war, wenn sie an den Vater, die Brüder und den Schmucken Recken dachte, holte sie ihren ganzen Reichtum, das Hochzeitshemd, hervor, und gleich wurde ihr leichter zumute. Die Sterne aus ihren Tränen stiegen zum Himmel empor, die Schmetterlinge flogen nach allen Richtungen davon, und die Blumen fielen ins Gras und

Der Ahorn rauschte, schüttelte seine Blätter und sagte: „Schau nur zwischen meine Wurzeln. Was du dort findest, gehört dir. Nutze es im Guten, aber kehre nie mehr hierher zurück."

Der Zimmermann scharrte die Blätter zwischen den Wurzeln auseinander und schrie auf vor Freude.

„Sie nur, Frau!"

In der Erde lag ein Kessel voller Goldstücke.

Die beiden gruben den Kessel aus, trugen das Gold nach Hause, und mit einem Schlag waren sie die reichsten Leute im Dorf. Sie kauften sich ein schönes Gut, schafften Felder und Vieh an, stellten Knechte ein und brauchten nun nicht mehr im Schweiße ihres Angesichts ihren Lebensunterhalt zu verdienen.

Aber das war noch nicht alles. Kurz darauf starb der Bürgermeister des Dorfes, und die Leute kamen zusammen, um einen neuen zu wählen. Sie berieten lange, der eine schlug den, ein anderer jenen vor, am Ende einigten sie sich auf den Zimmermann. Er war der Reichste, und Geld regierte schon damals die Welt.

So wurde aus einem armen Zimmermann in einer Woche der Herr Bürgermeister. Der Zimmermannsfrau stieg die Ehre bald zu Kopf. Sie ging mit erhobener Nase durch den Ort, und bald war es ihr nicht mehr gut genug, Frau Bürgermeisterin zu sein.

„Mann", sprach sie eines Tages, „nimm die Axt und geh in den Wald zum Ahorn, er soll uns noch einmal einen Kessel Goldstücke geben, aber einen größeren. Ich will nicht nur eine gewöhnliche Bürgermeistersfrau sein."

Es warf Katrin den Schlüssel in den Schoß und deutete auf einen großen Baum neben ihr.

„In dieser Eiche findest du ein Schloß. Wenn du den Schlüssel hineinsteckst, tut sie sich auf und gibt dir, was du brauchst."

Wie im Traum befolgte Katrin, was das Täubchen ihr geraten hatte. Der Baum öffnete sich, und vor dem Mädchen stand ein gedeckter Tisch mit weißem Brot und einer Tasse süßer Milch. Als Katrin sich gelabt hatte, schloß sie die Eiche wieder zu.

Hunger hatte Katrin nun nicht mehr, aber dafür fielen ihr die Augen zu. Es war ja auch schon ziemlich spät. Über den Bäumen blitzten die ersten Sterne.

„Wenn ich mich doch irgendwo niederlegen könnte", sagte sie vor sich hin, und siehe da, das Täubchen kam wieder, warf ihr einen zweiten Schlüssel in den Schoß und zeigte auf einen anderen Baum.

„Geh zu jener Eiche. Wenn du sie aufschließt, gibt sie dir, was du brauchst."

Wie im Traum folgte Katrin den Worten des Täubchens, der Stamm tat sich auf, und das Mädchen schaute in ein niedliches Zimmerchen mit einem weichen, bequemen Bettchen. Sie legte sich nieder und schlief zufrieden ein.

Am Morgen erwachte sie, und in ihrem dünnen Röckchen war ihr kalt.

„Hätte ich nur ein Tuch um die Schultern", sagte sie, und das weiße Täubchen war schon mit dem dritten Schlüssel da. Es zeigte auf eine Eiche, die ein Stück entfernt stand, und sagte: „Sie wird dir geben, was du brauchst."

Katrin fand in dem Eichbaum einen großen Schrank, darin waren prächtige Kleider, Tücher und Mäntel, wie nicht einmal Prinzessinnen sie hatten.

Sie hüllte sich in ein wollenes Schultertuch, und nun mangelte es ihr an nichts mehr. Wenn sie Hunger und Durst hatte, öffnete sie die Eiche mit dem gedeckten Tisch. War sie müde, so ruhte sie in der Eiche mit dem weichen Bettchen aus. Kleider gab ihr die Eiche mit dem Schrank. Und wenn ihr traurig ums Herz war und sie Lust hatte, mit jemandem zu sprechen, kam das weiße Täubchen auf ein Plauderstündchen.

Tage vergingen, Wochen, ein ganzes Jahr. Katrin hatte das Täubchen ins Herz geschlossen, und eines Tages fragte sie: „Wie kann ich dir vergelten, daß du so gut für mich sorgst?"

Das Täubchen gurrte erfreut und sprach: „All das tue ich

die Axt, steckte sie unter seinen aus teurem Stoff genähten Richtermantel und machte sich auf den Weg. Als er zum Ahorn mit der goldenen Krone kam, stellte er sich vor ihn hin und hob die Axt, als wollte er sie in den Stamm schlagen. Aber er kam nicht dazu, denn der Ahorn begann zu rauschen, als brause ein starker Wind durch seine Krone, und sprach: „Laß mich zufrieden, Mann, du hast schon genug."

Der Richter aber holte wieder aus.

„Habe ich nicht!"

„Was willst du denn noch?" rauschte der Baum.

Noch einmal schwang der Richter die Axt.

„Gold! Meine Frau will keine gewöhnliche Richtersfrau mehr sein. Und auch ich möchte etwas Besseres werden!"

Der Ahorn rauschte, goldfarbene Blätter fielen aus der Krone zur Erde.

„Also gut, schau zwischen meine Wurzeln, und was du findest, gehört dir. Nutze es im Guten, aber kehre nie mehr hierher zurück!"

Der Richter fand zwischen den Wurzeln einen dritten Kessel mit Goldstücken. Er war doppelt so groß wie der letzte, und als er ihn nach Hause brachte, wurden sie mit einem Schlag die Reichsten im ganzen Kaiserreich. Sie bauten sich in der Hauptstadt ein wunderschönes Haus, schafften sich eine Kutsche mit einem Sechsergespann an, stellten Lakaien ein, und nicht einmal mehr im Traum dachten sie daran, wie sie einst im Schweiße ihres Angesichts ihr Brot verdienen mußten.

Aber auch das war noch nicht alles. Gerade zu dieser Zeit starb der Erste Ratgeber des Kaisers, und der Herrscher rief alle seine Räte zusammen, um einen neuen zu wählen. Sie beratschlagten lange, der eine dachte an den, der andere an jenen, aber schließlich einigten sie sich auf den ehemaligen Zimmermann; denn er war der Reichste, und Geld regierte schon damals die Welt.

So wurde aus dem armen Zimmermann in einem Jahr der Erste Ratgeber des Kaisers. Der Frau stieg, das ist ja klar, die Ehre noch mehr zu Kopf. Sie stolzierte mit erhobener Nase durch den kaiserlichen Palast und sprach mit keinem außer mit dem Kaiser und der Kaiserin. Aber es dauerte nicht lange, da war es ihr nicht mehr gut genug, die Frau des Ersten Ratgebers zu sein.

„Mann", sagte sie, „nimm die Axt und geh in den Wald zum Ahorn, er soll uns noch einen Kessel Goldstücke geben, aber einen größeren. Ich will auch etwas Besseres sein als die Frau des Ersten Ratgebers.

Der Mann hatte nichts dagegen einzuwenden. Er steckte die Axt unter seinen kostbaren Brokatmantel und machte sich auf den Weg. Als er zu dem Ahorn mit der goldenen Krone kam, stellte er sich vor ihn hin und hob die Axt, als wollte er sie in den Stamm schlagen. Aber er kam nicht dazu, denn der Ahorn rauschte, als tobte ein Sturm durch seine Krone, und sprach: „Laß mich in Frieden, du hast schon genug!“

Wieder holte der kaiserliche Ratgeber aus.

„Habe ich nicht!“

Der Ahorn rauschte wie der Sturmwind: „Und was brauchst du noch?“

Der kaiserliche Ratgeber schwang die Axt.

„Gold! Meine Frau will keine gewöhnliche Ratgebersfrau sein. Und auch ich möchte etwas Besseres werden.“

Wieder rauschte der Ahorn wie der Sturmwind. Und aus seiner Krone fielen goldfarbene Blätter zur Erde.

„Also gut, schau zwischen meine Wurzeln, und was du findest, gehört dir. Nutze es im Guten, aber kehre nie mehr hierher zurück.“

Wie immer stand zwischen den Wurzeln ein Kessel voller Goldstücke. Er war doppelt so groß wie der letzte, und als ihn der kaiserliche Ratgeber nach Hause brachte, waren sie mit einem Schlag reicher als der Herrscher selbst. Sie ließen gegenüber dem kaiserlichen Palast einen noch schöneren errichten, hielten darin noch prachtvoller Hof und stellten Wachen, Lakaien und Kammerdiener ein. Und für immer vergaßen sie, wie sie einst im Schweiße ihres Angesichts ihren Lebensunterhalt verdienen mußten.

Aber auch das war noch nicht alles. Nach einiger Zeit starb der Kaiser, und da er keinen Nachfolger hinterließ, traten seine Ratgeber zusammen, um einen neuen Herrscher zu wählen. Sie berieten lange, denn jeder wollte ja selbst gern Kaiser werden, aber schließlich kamen sie überein, daß der ehemalige Zimmermann es sein sollte, denn er war der Reichste, und Geld regierte schon damals die Welt.

So wurde aus dem Zimmermann in zehn Jahren Seine Hoheit, der Kaiser. Die Frau sprach fortan mit niemand auf der Welt auch nur ein Wörtchen und eine Zeitlang war sie wirklich zufrieden. Aber kaum war ein Jahr vergangen, da schien ihr auch die kaiserliche Krone nicht mehr gut genug.

„Mann“, sagte sie eines Tages, „nimm die Axt und komm, wir gehn zum Ahorn, er soll uns zum letzten Mal einen Kessel Goldstücke geben, aber einen größeren als alle vorherigen zusammen. Ich mag keine gewöhnliche Kaiserin mehr sein, ich will nicht nur über die Menschen, sondern auch über Berge und Meere, über Tiere, Steine, Blumen und Bäume herrschen."

Der Kaiser hatte nichts dagegen einzuwenden. Er nahm die Axt, steckte sie unter seinen Mantel aus Hermelin und machte sich mit der Kaiserin auf den Weg. Als sie bei dem Baum ankamen, stellten sie sich vor ihn hin, und der Kaiser hob die Axt, als wollte er sie in den Stamm schlagen. Aber er kam nicht dazu, denn der Ahorn rauschte, als brauste durch seine Äste ein Wirbelsturm. „Laß mich in Frieden, Mann, du hast schon genug."

Wieder holte der Kaiser aus.

„Habe ich nicht!"

„Was brauchst du denn noch?" fragte der Baum.

Drohend schwang der Kaiser die Axt.

„Gold! Meine Frau hier möchte keine gewöhnliche Kaiserin mehr sein. Sie will nicht nur über die Menschen, sondern auch über Berge und Meere, Tiere, Steine, Blumen und Bäume herrschen. Und das will ich auch!"

Da brauste der Ahorn, daß aus seiner Krone goldfarbene Blätter niederfielen, aber er sagte kein Wort. Er winkte mit einem großen Ast, hob den Kaiser und die Kaiserin in die Höhe und ließ sie in Gestalt von zwei Vögeln fliegen. Der Wind trug sie weit fort.

So wurden aus dem armen Zimmermann und seiner Frau am Ende zwei Vögel. Einer von ihnen trägt eine Krone auf dem Kopf, aber trotzdem versteckt er sich in den Hohlräumen der Bäume, als schäme er sich. Die Menschen gaben ihm den Namen Wiedehopf. Der zweite Vogel fliegt mit traurigen Rufen, als suche er sein verlorenes Kaiserreich, durch die Wälder. Er wird Kuckuck genannt.

Und was geschah mit dem Zauberbaum, dem Ahornkaiser? Er steht weiter mitten im Wald, und sein goldenes Haupt streift die Wolken. Aber die Menschen finden den Weg zu ihm nicht mehr.

Warum die Reisähre nur eine Handvoll Körnchen hat

Als die Überschwemmung zurückging, die Kung-Kung, der Beherrscher der Gewässer verursacht hatte, waren die Menschen auf der Erde sehr arm und litten argen Hunger. Das sah der Herrscher des Himmels, der Jaspiskaiser, und er erbarmte sich der Erdenbewohner. Aus der Himmelsherde wählte er jeweils ein Paar von allen Haustieren aus und schickte sie auf die Erde und befahl ihnen, genügend Reis für die Menschen mitzunehmen.

Die Tiere gehorchten und machten sich auf den Weg. Den Reis aber vergaßen sie, nur der Hund warf sich einen Korb voll auf den Rücken.

Unterwegs mußten die Tiere ein tiefes Meer durchschwimmen. Bevor sie das andere Ufer erreichten, spülten die Wogen dem Hund den Reis aus dem Korb. Von der ganzen Ladung blieben ihm nur ein paar Körnchen, sie hingen an seiner Schwanzspitze, die aus dem Wasser herausgeragt hatte.

So bekamen die Menschen den Reis doch noch. Aber anders als im Himmel wuchsen die Ähren nicht schon vom Boden aus, nur auf der Spitze des Halmes saß eine winzige Ähre mit einer Handvoll Körnchen, gerade soviel, wie der Hund auf der Spitze seines Schwanzes über das Meer gebracht hatte.

Wo die Melonen herkommen

Es wird erzählt, daß einst ein mächtiger Schah lebte, der von einem schrecklichen Drachen bedroht wurde. Von den Bergen herunter stürzte der Drache vor das Palasttor und begehrte Einlaß. Der erschrockene Schah rief sogleich seine Wesire zusammen und fragte sie: „Was soll ich tun? Sprecht, ihr Wesire, wie kann der Drache verjagt werden?“

Aber die Wesire wußten keinen Rat, sie senkten die Augen und schwiegen. Nur einer von ihnen, der älteste und weiseste, dachte nach und sprach nach einer Weile: „Laß alle Handwerker zusammenrufen, o Schah, und befiehl, daß sie ihr Werkzeug mitbringen.“

Der alte Wesir hatte gut geraten. Als sich die Handwerker aus der ganzen Stadt vor dem Palast einfanden, hörte der Drache auf, an das Tor zu schlagen und zu brüllen. Er schaute sich die Leute an, ergriff einen Tischler mit seiner Säge, nahm ihn auf den Rücken und kehrte in seine Höhle zurück.

Der arme Tischler war vor Angst halbtot, aber als ihn der Drache auf dem Boden der Höhle niedersetzte, verlor er seine Angst. In der Höhle lag die Frau des Drachen und konnte kaum noch atmen. Sie hatte zum Abendessen eine Ziege verschlungen, doch die Ziege war mit ihren Hörnern in ihrem Rachen steckengeblieben, und die Drachenfrau war dem Ersticken nahe.

Der Tischler half der Unglücklichen. Er schnitt der Ziege die Hörner ab, so daß die Frau sie ohne Schwierigkeiten hinunterwürgen konnte. Der Drache brüllte vor Freude. Er beschenkte den Tischler mit einem Beutel voller Dukaten, und für den Schah schickte er einen Korb wundersamer Körnchen mit.

Als der Tischler den Korb im Palast übergab, wunderte sich

der mächtige Schah. Er rief seine Wesire zusammen und fragte sie:

„Was soll ich mit den Körnchen anfangen?"

Aber die Wesire wußten keinen Rat, sie senkten auch diesmal die Augen und schwiegen. Nur einer von ihnen, der älteste und weiseste, dachte nach und sprach: „Laß sie aussäen, o Schah, dann wirst du sehen, was daraus wird."

Der alte Wesir hatte gut geraten. Der Schah ließ die Körnchen im Garten aussäen, und in einem Jahr wuchsen daraus Pflanzen mit großen Blättern und langen Ranken. An den Ranken zeigten sich Blüten, und aus den Blüten wurden in kurzer Zeit große, eiförmige Früchte. Der Schah ließ sie pflücken und aufschneiden und sah: die Früchte waren im Innern herrlich rot und voller Saft. Der mächtige Schah wunderte sich und rief wiederum die Wesire zusammen.

„Sagt, ihr Wesire, was machen wir mit den Früchten? Wie erfahren wir, ob sie giftig oder eßbar sind?"

Aber die Wesire wußten auch diesmal keinen Rat, sie senkten die Augen und schwiegen. Nur der älteste und weiseste dachte nach und sprach: „Gib ein Stück dieser Frucht einem Hund zu fressen, ein anderes einer Ziege, o Schah, und du wirst sehen, ob sie giftig sind."

Und der alte Wesir hatte auch diesmal recht. Der Hund fraß ein Stück von der Frucht und blieb am Leben. Und die Ziege fraß das andere Stück und nahm keinen Schaden. Da fürchtete auch der mächtige Schah mit seinen klugen Wesiren die seltsamen Früchte nicht mehr.

Er genoß sie, solange er lebte, und seit dieser Zeit kennen wir die Melonen, denn diesen Namen gab der Schah den Früchten, die ihm der Drache aus den Bergen geschenkt hatte.

Wie der Mais auf die Welt kam

Vor langer Zeit, als die Welt noch jung war und die Indianer erst seit kurzem darauf lebten, wohnte einer von ihnen fern von den anderen ganz für sich allein. Er ernährte sich von dem, was Wald und Prärie spendeten. Und das Feuer kannte er noch nicht.

In der Einsamkeit wurde ihm allmählich so traurig ums Herz, daß ihm das Essen nicht mehr schmeckte. Er sammelte keine Wurzeln und Nüsse mehr, er lag nur da und schlief. Da träumte ihm, ein schönes, schlankes Mädchen käme zu ihm, das trug einen grünen Rock und hatte Haare hell wie der Tag. Als er die Augen öffnete, stand das Mädchen wahrhaftig vor ihm. Der Mann wußte nicht, ob er träumte oder wachte.

„Wer bist du, und wo kommst du her?“ fragte er.

Aber das Mädchen gab keine Antwort. Und als der Mann aufstand und die Hände nach ihm ausstreckte, verschwand es wie Nebel über dem Fluß. Der Mann setzte sich nieder und begann zu singen. Er sang von seinem Leben und von seiner Einsamkeit. Er sang davon, daß das Mädchen zu ihm zurückkehren und bei ihm bleiben solle.

Da erschien es abermals und sprach: „Tu, was ich dir sage, und ich bleibe für immer.“

Das Mädchen führte ihn in die Prärie, gab ihm zwei trockene Hölzchen und sprach: „Reibe diese Hölzchen möglichst schnell über einem Häufchen trockenem Gras.“

Der Mann gehorchte. Er rieb die Hölzchen, bis ein Rauchwölkchen davon aufstieg. Ein Funken fiel herab und entzündete das trockene Gras. Wie ein Pfeil flog das Feuer über die mit verdorrtem Gras bedeckte Prärie.

„Jetzt nimm mich bei den Haaren“, sagte das Mädchen, „und schleife mich über die verbrannte Fläche.“

Der Mann sträubte sich. Er wollte dem Mädchen nicht weh tun. Aber es bestand darauf.

„Wenn du nicht auf mich hörst, gehe ich fort, und du siehst mich nie wieder. Sonst aber kehre ich in einem Jahr zurück und bleibe für immer bei dir.“

Betrübt faßte es der Mann bei den schönen Haaren und schleifte es über die Prärie. Als die Dunkelheit hereinbrach, verschwand das Mädchen. Aber was es versprochen hatte, hielt es. Auf der Brandstätte erschienen Blättchen, daraus wuchsen hohe, schlanke Pflanzen empor. Ihre Fruchtkolben

hatten ein grünes Röckchen an und einen hellen Haarschopf. So kehrte das Mädchen zu dem Mann zurück und blieb für immer bei ihm. Jahr für Jahr erschien es auf dem Feld und brachte reiche Ernte goldener Maiskörner.

Bruder und Schwester und die Himmelsleiter

Wer sich aufmacht und sucht, der gelangt ans Ziel und findet, und müßte er bis ans Ende der Himmelsleiter klettern. Da hinauf stieg schließlich auch der arme Alte, der in einem Dorf am Fuß der Berge lebte. Dort wohnte er mit seinen beiden Kindern, einem Sohn und einer Tochter, in einer ärmlichen Hütte. Der Alte flocht Bambuskörbe, der Junge holte Bambus aus den Bergen, und die Tochter besorgte den Haushalt, sie kochte, wusch und räumte auf. So arbeiteten sie alle Tage, aber es reichte kaum für mehr als ein wenig Reis und ein paar Felle gegen die Kälte. Denn die Menschen kannten damals die Baumwolle noch nicht und hüllten sich in Tierfelle oder Baumrinde. Und sie hatten auch noch kein Öl, um des Nachts die Öllampe anzuzünden. Wollten sie bei der Arbeit Licht haben, waren sie gezwungen, das offene Feuer zu schüren. Oft tränten ihnen die Augen vom Rauch. War das Feuer zu klein, so froren sie in den langen Nächten. Krankheit und Blindheit waren die Folge.

Krank und halb blind war auch der alte Mann. Seine Kinder grämten sich, aber was sollten sie tun? Wenn sie nicht jeden Tag bis in die tiefe Nacht hinein arbeiteten, würden sie Hungers sterben müssen. So zündeten sie Abend für Abend das Feuer an und flochten unermüdlich Bambuskörbe.

Einmal aber seufzte der Sohn: „Wenn der Mond leuchten würde hell wie die Sonne, täten uns die Augen nicht mehr weh!“ Und die Tochter fügte hinzu: „Ach, und er müßte jeden Tag aufgehen und uns erwärmen. Dann brauchten wir das Feuer nicht mehr zu schüren.“

Der alte Vater dachte einen Augenblick nach, dann sprach er: „Wir sollten ihn bitten, uns mehr Licht und Wärme zu geben. Ich hörte, daß es einen Berg gibt, der die „Himmelsleiter" genannt wird. Auf diesem Berg lebt ein Greis mit weißen Haaren, weißen Augenbrauen und einem weißen Bart, der bis zur Erde reicht. Er ist der Vater aller Bäume und ein Freund des Mondes. Immer wenn der Mond vorbeikommt, stattet ihm der alte Mann einen Besuch ab. Er allein könnte ihn fragen, warum er nicht so hell wie die Sonne scheint, warum er nicht jeden Tag aufgeht und den armen Menschen hilft."

Da sprang der Sohn auf und rief: „Laß mich hingehen, Vater, und ihn bitten, daß er beim Mond ein gutes Wort für uns einlegt!"

Und auch die Tochter wollte mit aufbrechen.

Aber der Alte schüttelte den Kopf.

„Das ist nicht einfach, Kinder. Bis zur Himmelsleiter ist es weit, sie liegt hinter sieben Bergen und acht Tälern, und der Gipfel des Berges verschwindet in den Wolken. Steine reißen euch die Füße blutig, und der Schnee läßt sie erstarren. Kein Mensch kann zu dem weißen Greis gelangen."

„Aber ich schaffe es!" sagte entschlossen der Junge. „Gleich morgen gehe ich los!"

Bei Tagesanbruch machte sich der Junge auf. Er wanderte über sieben Berge und durch acht Täler, durchquerte Flüsse und Wälder, überwand Felsen und Gebirge. Nach neun Monaten gelangte er zur Himmelsleiter. Ihr Gipfel verschwand in den Wolken, ihre Hänge waren von Schnee und Eis bedeckt. Als er den Fuß des Berges erreichte, bluteten ihm die Füße. Als er sich dem Gipfel näherte, erstarrten seine Hände und Füße vor Kälte. Tief unter ihm zogen die Wolken dahin. Der klare Himmel wölbte sich über ihm. Auf einem Felsen sah er den Greis sitzen. Er kämmte sich das weiße Haar, die Augenbrauen und den Bart, der bis zur Erde reichte. Für den Jungen hatte er keinen Blick.

Der verbeugte sich bis zur Erde und sagte: „Verzeih, ehrwürdiger Greis, daß ich deine Einsamkeit störe, und hilf mir. Frage bitte den Mond, warum er nicht so hell wie die Sonne leuchtet und warum er nicht jede Nacht aufgeht."

Der Greis fuhr mit dem Kamm durch sein weißes Haar, antwortete aber nicht. Wieder verbeugte sich der Junge.

„Verzeih, daß ich deine Gedanken unterbreche, und hilf den Menschen auf der Erde. Sie müssen ganze Nächte hindurch arbeiten und sehen nichts. Der Rauch verdirbt ihnen die Augen. Bitte den Mond, er möge so hell wie die Sonne leuchten und mehr Wärme geben."

Langsam hob der Greis den Kopf und schaute den Jungen mit den blaugefrorenen Füßen an.

„Warte einen Augenblick", sagte er.

Dann legte er den Kamm nieder, wickelte sich den Bart um den Hals und lief zum Gipfel. Nach einer Weile kam der Mond angeflogen. Über der Himmelsleiter hielt er an, und der Greis sprang in ihn hinein wie in ein silbernes Boot.

Der Junge wartete geduldig, und ehe er sich's versah, verließ der Greis das silberne Boot wieder. Der Mond flog weiter, und der Alte sprach: „Ich habe ihn gefragt, warum er nicht jeden Tag aufgeht und nicht so hell wie die Sonne scheint, und bat ihn, mehr Licht und Wärme zu spenden. Aber der Mond antwortete, das könne er nicht. Er hat nicht soviel Kraft, um wie die Sonne zu leuchten. Und er kann nicht jeden Abend am Himmel erscheinen, weil er ab und zu sein Gesicht im Meer waschen muß."

Der Junge begann zu weinen. Ihm tat es um alle Menschen leid, die in der Nacht ohne Licht arbeiten mußten und die der Rauch blind machte, wie seinen Vater. Seine Tränen fielen auf den Schnee, und der Schnee schmolz.

Da sprach der Greis: „Der Mond vermag nichts für die Menschen zu tun. Sie müssen sich selbst helfen."

Weinend fragte der Junge: „Aber wie? Ich würde mein Leben dafür geben!"

„Wenn du bereit bis, dein Leben zu opfern", sagte der Greis, „könntest du ihnen Hilfe bringen."

Er kämmte aus seinem Bart eine strahlende Perle, groß wie ein Ei, heraus und reichtete sie dem Jungen.

„Verschlucke sie, und den Menschen wird es besser gehen."

Der Junge trocknete seine Tränen, nahm mutig die Perle und schluckte sie hinunter. Im selben Augenblick verwandelten sich seine Beine in Wurzeln, der Körper reckte sich zum Stamm, und sein Kopf wurde zur Krone eines schönen Baumes. Zwischen den Blättern zeigten sich Blüten, daraus wuchsen eiförmige Früchte.

„Wenn dich die Menschen entdecken", sagte der Greis, „werden sie dich Tung nennen. Sie werden sich an deinen Blüten erfreuen und deine Früchte ernten. Sie werden lernen, die Früchte auszupressen und Öl daraus gewinnen. Dein Öl wird ihnen leuchten, und sie werden dich lobpreisen. Der Rauch des Feuers wird sie nicht mehr blind machen. Sie brauchen den Mond nicht mehr zu bitten, hell wie die Sonne zu scheinen."

Der Tung-Baum hörte zu und rauschte freudig mit seinen Blättern.

Währenddessen wartete die Schwester daheim vergeblich auf ihren Bruder. Als er auch nach neun Monaten nicht zurückkam, sagte sie: „Ich gehe ihn suchen, und wenn ich bis auf die Spitze der Himmelsleiter klettern muß."

Aber der alte Mann schüttelte den Kopf.

„Das ist nicht einfach, Töchterchen. Was deinem Bruder nicht gelang, erreichst du auch nicht."

„Ich schaffe es", sagte das Mädchen entschlossen. „Gleich morgen mache ich mich auf den Weg."

Am Tag darauf brach das Mädchen in aller Frühe auf. Es wanderte über sieben Berge und durch acht Täler, durchquerte Flüsse und Wälder, überwand Felsen und Gebirge, bis ihr die Füße bluteten und ihr Körper vor Kälte erstrarrte. Endlich stand es unterhalb des Gipfels der Himmelsleiter. Tief unter ihm zogen die Wolken dahin. Der klare Himmel wölbte sich über ihm. Auf einem Felsen sah es den Greis sitzen. Er kämmte sich sein weißes Haar, die Augenbrauen und den Bart, der bis zur Erde reichte. Für das Mädchen aber hatte er keinen Blick.

Es verbeugte sich bis zur Erde und sagte: „Verzeih, ehrwürdiger Greis, daß ich deine Einsamkeit störe, hilf mir. Frag bitte den Mond, warum er nicht so hell wie die Sonne leuchtet und warum er nicht jede Nacht aufgeht."

Der Greis fuhr sich mit dem Kamm durchs Haar, aber er antwortete nicht.

Wieder verbeugte sich das Mädchen. „Verzeih, daß ich deine Gedanken unterbreche, und hilf den Menschen auf der Erde. Sie müssen ganze Nächte hindurch arbeiten, sie frieren und sind krank. Bitte den Mond, er möge mehr Licht und Wärme geben."

Langsam hob der Greis den Kopf und schaute das Mädchen an, dessen Füße vor Kälte ganz blau waren.

„Es war ein Junge hier", sagte er, „der wollte auch, daß ich den Mond frage, warum er nicht besser leuchtet und wärmt. Doch der Mond antwortete, er könne nichts für die Menschen tun, sie müßten sich selbst helfen."

Weinend fragte das Mädchen: „Aber wie denn? Ich gäbe mein Leben dafür, das zu erfahren."

Da sprach der weiße Greis: „Wenn du dein Leben opferst und dich in einen Baum verwandelst, kannst du deinem Vater und allen anderen helfen. Schau diesen Baum an, es ist dein Bruder. Aus seinen Früchten werden die Menschen Öl pressen, das ihnen bei der Arbeit leuchtet. Der Rauch des Feuers wird sie nicht mehr blind machen."

Das Mädchen weinte und umarmte den Tung-Baum, dann sagte es: „Wenn mein Bruder den Menschen leuchten wird, könnte ich sie dann nicht wärmen?"

Da kämmte der Greis aus dem Bart eine strahlende Perle, groß wie ein Ei. Er reichte sie dem Mädchen und sprach: „Wenn du keine Angst hast, verschlucke sie, und alles wird gut."

Das Mädchen trocknete seine Tränen, nahm entschlossen die Perle und schluckte sie hinunter. Im selben Augenblick verwandelten sich die Beine in Wurzeln, der Körper streckte sich zum Stamm, Kopf und Schultern wurden zur Krone eines schönen Baumes. Zwischen den Blättern zeigten sich Blüten, und daraus wuchsen eiförmige Früchte.

„Wenn dich die Menschen entdecken", sagte der Greis, „werden sie dich Kapok nennen. Sie werden sich an deinen Blüten erfreuen und deine Früchte ernten. Sie werden lernen, aus ihnen einen feinen Faden zu spinnen. Aus dem Faden werden sie wärmende Stoffe weben. Sie werden bei der Arbeit nie mehr frieren und werden dich lobpreisen. Sie brauchen den Mond nicht mehr zu bitten, wie die Sonne zu wärmen."

Der Kapok-Baum hörte zu und rauschte freudig mit den Blättern. Und der Tung-Baum stimmte in das Rauschen ein.

Währenddessen wartete der alte Vater auf die Rückkehr seiner Kinder. Als sie auch nach neun Monaten nicht zurückgekehrt waren, sagte er sich: „Ich gehe sie suchen, und wenn ich bis auf die Spitze der Himmelsleiter steigen müßte."

Gleich am nächsten Morgen machte er sich auf den Weg. Nach neun Monaten gelangte auch er zum Gipfel der Himmelsleiter. Tief unter ihm flogen die Wolken dahin. Der klare Himmel wölbte sich über ihm. Auf einem Felsen sah er den Greis mit den weißen Haaren, Augenbrauen und dem Bart, der bis zur Erde reichte, sitzen.

Der alte Korbflechter verbeugte sich bis zur Erde und sagte: „Verzeih, ehrwürdiger Greis, daß ich deine Einsamkeit störe und hilf mir. Wo sind meine Kinder, und kannst du den Mond fragen, warum er nicht wie die Sonne wärmt und warum er nicht jede Nacht leuchtet?"

Der Greis hob langsam den Kopf und schaute den Korbflechter an, dessen Füße von der Kälte blau waren.

„Ein Junge war hier, der wollte, daß ich den Mond frage, warum er nicht ein wenig heller leuchtet. Und ein Mädchen kam, das bat mich, ihn zu fragen, warum er nicht wie die Sonne wärmt und den Menschen nicht hilft. Aber die Menschen müssen sich allein helfen. Aus dem Jungen wurde dieser Baum. Er wird den Menschen Öl geben, das ihnen bei der Arbeit leuchtet. Und das Mädchen ist zu diesem anderen Baum geworden. Er wird die Menschen wärmen."

Der alte Korbflechter weinte, umarmte die Bäume und

sagte: „Wenn das meine lieben Kinder sind, will ich hier bei ihnen bleiben."

Aber der weiße Greis schüttelte den Kopf.

„Ich habe keine Perle mehr, um auch dich in einen Baum zu verwandeln. Doch klage nicht, deine Kinder werden mit dir gehen. Nimm ihre Samen mit, säe sie zu Hause aus, so werden sie dich nie mehr verlassen."

Da begannen die beiden Bäume lustig zu rauschen und überschütteten den alten Vater mit ihren Samenkörnchen. Er las sie in einen Korb, verbeugte sich bis zur Erde vor dem weißen Greis und kehrte in seine ärmliche Hütte zurück. Zu Hause säte er die seltenen Samen auf Hängen und Hügeln aus. Nach einem Jahr wuchsen daraus wunderschöne Bäume, und seit dieser Zeit lebten Tung und Kapok bei den Menschen. Nun machte der Rauch des Feuers die Arbeitenden nicht mehr blind. Wenn die Dunkelheit hereinbrach, zündeten sie die Lampen mit dem Öl an, das Tung ihnen gab, wenn sie froren, zogen sie Kleider aus der Baumwolle an, die Kapok ihnen schenkte. Voller Dankbarkeit dachten sie an den alten Korbflechter und seine beiden Kinder, die ihnen vom Gipfel des Himmelsleiterberges Licht und Wärme gebracht hatten.

Der Häuptling und seine schöne Frau

Liebe versetzt Berge, aber es kann auch geschehen, daß sie Bäume auf die Berge bringt. Einst heiratete ein junger Indianerhäuptling das schönste Mädchen des Stammes. Und sein Herz sang vor Glück. Aber das Glück dauerte nicht lange. Bald nach der Hochzeit erkrankte die Braut. Der Häuptling schickte Boten in alle Himmelsrichtungen und rief Zauberer aus der ganzen Welt herbei. Sie kamen zu Pferd und mit Booten, aber die schreckliche Krankheit konnten sie nicht heilen. Die junge Frau starb.

Nichts half gegen das Leid des Häuptlings, weder Müdigkeit noch Schlaf, weder Jagd noch Kampf. Ohne die Frau konnte er nicht leben. Er wollte sie in seinem Zelt haben, wollte sie anschauen und mit ihr sprechen. Deshalb machte er sich auf, um einen geschickten Schnitzer zu suchen, der ihm ihr Bild in Holz schnitt. Er lief von einem zum andern, aber vergebens. Keiner vermochte sie so zu schaffen, wie sie gewesen war.

Nach einem Jahr kehrte der Häuptling mit leeren Händen zurück. Am Dorfrand hielt ihn ein alter Mann an und sagte:

„Du läufst von Dorf zu Dorf nach einem geschickten Schnitzer, Häuptling. Suchst ihn in der Ferne, und dabei hast du ihn zu Hause. Ich habe deine Frau oft gesehen und erinnere mich an ihr wunderschönes Gesicht. Wenn du willst, schnitze ich sie für dich."

Und der alte Mann machte sich ans Werk. Das Meer hatte ihm vor einiger Zeit ein schönes Stück Holz angeschwemmt, daran begann er zu arbeiten. Als er fertig war, ging er zu dem Häuptling und sagte: „Komm und schau es dir an."

Im Zelt des alten Mannes erblickte der Häuptling seine Frau. Sie saß dort, wie er sie immer hatte sitzen sehen,

trug die gewohnten Kleider und sah so aus wie damals, als er sie zur Frau nahm.

Der Häuptling freute sich. Sein Leid wurde geringer. Er trug die Holzfigur in sein Zelt und belohnte den alten Schnitzer reichlich.

Seitdem war der Häuptling nicht mehr allein. In seinem Zelt war die schöne Frau, und er sprach mit ihr wie mit einem lebendigen Menschen. Er saß bei ihr, nahm neben ihr die Mahlzeiten ein und erzählte ihr alles, was geschah. Nur daß die Frau kein einziges Wort sagte, quälte ihn.

Eines Tages aber schien es ihm, als ob sie seufze. Der Häuptling traute zuerst seinen Ohren nicht, aber das Holzbildnis rührte sich zum zweiten Mal, es begann zu atmen und hörte nicht mehr auf. Aber sprechen und sich bewegen konnte es nicht. Des Häuptlings Herz sank wieder. Seine schöne Frau schien ins Leben zurückzukehren.

Lange lebte der Häuptling glücklich mit dem Bildnis aus Holz. Aber auch dieses Glück dauerte nicht ewig. Eines Tages, als er bei der Figur saß, vernahm er einen tiefen Seufzer! Und dann knackte es, wie wenn ein Baumstamm zerspringt. Die Frau aus Holz starb. Als er sie von der Stelle, wo sie die ganze Zeit gesessen hatte, aufhob und wegtrug, erblickte er ein Bäumchen, das aus dem Lehmboden wuchs. In kurzer Zeit durchbrach es das Zeltdach und wurde zu einem hohen, stattlichen Baum, wie ihn die Menschen im Dorf noch nie gesehen hatten.

Sie nannten ihn Rote Zeder. Die Roten Zedern wachsen überall, wo Indianer leben. Aber die größten und schönsten gibt es dort, wo der junge Häuptling und seine Frau zu Hause waren. Von nah und fern kommen die Menschen herbei und schlagen hier die Zedern. Und wenn sie einen besonders schönen hochgewachsenen Baum sehen, sagen sie: „Sie sieht aus wie die Tochter der jungen Häuptlingsfrau.“

Die Sonne und das Mädchen mit den blauen Augen

Es war einmal ein Mädchen mit Haaren, so golden wie die Sonne, und Augen, so blau wie der Himmel. Aber so schön das Mädchen war, so stolz war es auch auf seine Schönheit. Den ganzen Tag betrachtete es sich in seinen Spiegeln; davon hatte es neunundneunzig, und das waren noch immer nicht genug. Sobald es das Haus verließ, wikkelte es sich in neunundneunzig Schleier ein, damit ja niemand etwas von seiner Schönheit stahl, wenn er es ansah.

So erblickte das ganze Jahr über kein Mensch sein Gesicht, und auch kein Fingerchen, ja, nicht einmal die Fußspitzen. Trotzdem verbreitete sich die Kunde von seiner Schönheit bald in der ganzen Welt, und ein Brautwerber nach dem anderen fand sich ein. Aber das Mädchen schickte sie alle fort. Selbst der junge König war ihm nicht gut genug. Vielleicht hoffte es, der Rote oder der Blaue Kaiser werde um es freien.

Die beiden Kaiser aber hatten noch nichts von seiner Schönheit vernommen. Dafür hörte die Sonne davon. Jeden Morgen blieb sie für einen Augenblick über dem Haus des Mädchens stehen, um sich zu überzeugen, was an der Nachricht wahr sei. Aber nie gelang es ihr, das Mädchen zu erblicken, sie sah höchstens einen der neunundneunzig Schleier. Einmal im Mai jedoch, als sie ganz früh aufgestanden war, hatte die Sonne endlich Glück. In der Dämmerung ging das schöne Mädchen barfuß im Morgentau spazieren. Es glaubte sich unbeobachtet, da sich um den Garten eine hohe Mauer zog. Aber die Sonne stand höher als die Mauer. Beim Anblick des Mädchens stockte ihr der Atem vor soviel Schönheit, und sie entbrannte in feuriger Liebe. Noch am selben Tag schickte sie ihre Boten, zwei Sterne, auf die Erde.

„Seid gegrüßt, ihr Sternchen", hieß das Mädchen sie willkommen. „Was führt euch zu mir?"

„Wir möchten um deine Hand anhalten, schönes Mädchen", antworteten die Boten.

„Na, dann tretet ein, setzt euch, eßt und trinkt. Die Werbung hat noch Zeit."

Aber die Sterne schüttelten den Kopf.

„Wir sind nicht gekommen, um zu essen und zu trinken. Du sollst mit uns gehn, unser Herr will dich heiraten!"

„Schon viele wollten mich heiraten. Wer ist denn euer Herr?"

„Es ist der Sohn der Sonne", sagten die Sterne. „Einen besseren Bräutigam findest du nirgends."

Aber das Mädchen lachte.

„So einen Bräutigam will ich nicht. Den ganzen Tag läuft er umher, und in der Nacht schläft er, wer weiß, wo. Ich wäre ständig allein und müßte immer auf ihn warten."

Da sahen die Sterne, daß sie gegen das Mädchen nicht aufkamen. Sie verabschiedeten sich, kehrten in den Himmel zurück und richteten der Sonne die Antwort aus.

„Sie will deinen Sohn nicht haben."

„Das wird sie wohl müssen!" rief zornig die Sonne.

„Steig ich überm Berg herauf,
hebst du das Köpfchen zu mir auf.
Geh ich hinterm Berg zur Ruh,
senkst den Kopf zur Erde du.
Muß ich am Abend schlafen gehn,
wirst du allein am Wege stehn
und warten voller Sorgen
bis zum hellichten Morgen."

Und so geschah es auch. Kaum war die Schöne am nächsten Tag aus dem Haus getreten, da packte der Wind ihre neunundneunzig Schleier und blies sie in alle Himmelsrichtungen auseinander. Statt des Mädchens stand am Wegrand eine blaue Blume. Den ganzen Tag dreht sie ihre Blüte nach der

Sonne. Wenn das Taggestirn früh morgens erscheint, hebt sie froh den Kopf. Geht die Sonne am Abend unter, so senkt sie ihn zur Erde. Einsam wartet sie die ganze Nacht auf ihren goldenen Bräutigam. Deshalb nennen die Menschen sie Wegwarte.

Wie die Pappeln lernten, in einer Reihe zu wachsen

Als die Welt noch jung war, lebte ein Waisenjunge mit seinen drei Hunden bei seiner Großmutter. Er war ein geschickter Jäger. Mit seinen Pfeilen erlegte er viele Hirsche und so manchen Bison. In seinem Zelt gab es keinen Hunger.

Die Bisons aber beschlossen, ihn zu töten. Sie beriefen einen Rat ein, um herauszufinden, wie sie es am besten machen sollten. Und weil sie wußten, daß der Junge gern eine Frau und Söhne gehabt hätte, verwandelten sich zwei der Bisons in zwei liebliche Mädchen. Eines Abends standen sie vor dem Zelt. Die Großmutter des Jungen traute den hübschen Gesichtern nicht, die Hunde knurrten die Mädchen zornig an, aber der Junge hörte nicht auf das, was die Großmutter ihm sagte, und die Hunde band er mit einer Kette an den Pfahl. Dann bewirtete er die Mädchen aufs beste und bereitete ihnen aus weichen Fellen ein Nachtlager.

Am nächsten Morgen machten sich die Mädchen auf den Heimweg.

„Komm mit uns", luden sie ihn ein.

Die Großmutter wollte davon nichts hören.

„Er wird nicht mit euch gehen, er bleibt bei mir!"

Aber der Junge gab nichts auf ihre Worte.

„So nimm wenigstens Pfeile und Bogen mit. Du wirst sie brauchen."

Der Junge nahm den Bogen und vier Pfeile und begab sich mit den Mädchen in die Prärie.

Dort warteten bereits die Bisons. Kaum erblickten die beiden Mädchen die Herde, verwandelten sie sich in ihre ursprüngliche Gestalt zurück. Und dann umringten sie alle den Jungen.

Der entsann sich seiner Waffen und steckte einen Pfeil

in die Erde. Der Pfeil verwandelte sich in eine Pappel, und der Junge stieg in ihre Äste. Aber die Bisons gaben nicht auf. Sie zerfetzten den Stamm des Baumes mit ihren Hörnern. Wieder stach der Junge einen Pfeil in den Boden, und neben der ersten Pappel wuchs eine zweite empor, in deren Krone er hinübersprang.

Viermal bohrte der Junge Pfeile in die Erde. Viermal warfen die Bisons seinen Baum fast um. Beim fünften Male aber trieb der Junge den Bogen in den Rasen. Und der fünften Pappel konnten die Bisons nichts anhaben. Da rief der Junge nach seinen Hunden. Als er das erste Mal rief, lachten die Bisons. Als er das zweite Mal rief, verhöhnten sie ihn. Aber beim dritten Mal zerrissen die Hunde ihre Ketten und rannten in die Prärie. Die Bisonherde ergriff die Flucht.

So retteten die treuen Hunde dem Jungen das Leben. So retteten ihn Zauberpfeile und Zauberbogen. So lernten die Pappeln, in einer Reihe nebeneinander zu wachsen.

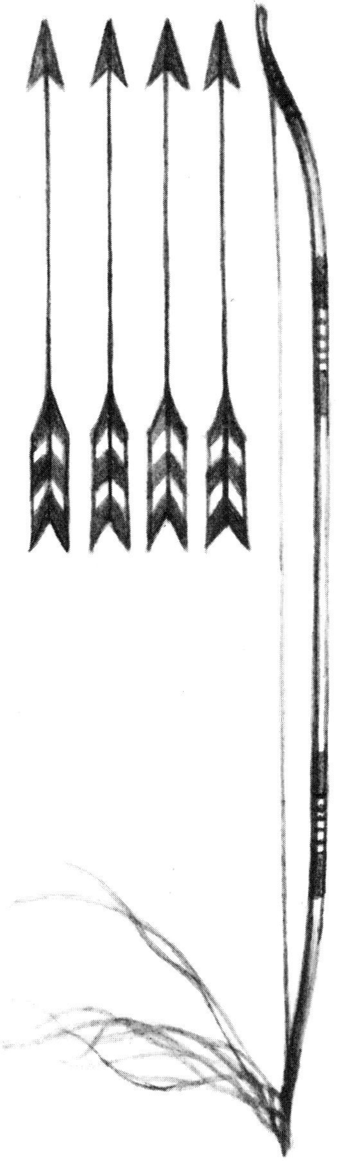

Katrin und der grüne Eichenwald

Tausend Jahre soll es schon Eichen geben, deshalb wissen sie auch mehr als irgend jemand auf der Welt. Wenn sie erzählen, lauscht der ganze Wald. Neulich hörte ich heimlich zu, als sie von Katrin und dem grünen Eichenwald berichteten.

Katrin war allein auf der Welt, und schon als kleines Mädchen mußte sie sich als Magd verdingen. Bei ihrer Herrschaft hatte sie allerlei auszustehen, bis es sich einmal glücklich fügte, daß sie zu einer reichen Frau kam, die sie hielt wie ihre eigene Tochter. Aber die schöne Zeit dauerte nicht lange. Die reiche Frau ging mitsamt ihrer Dienerschaft auf Reisen, und als sie mit ihrer Kutsche durch einen Eichenwald fuhren, wurden sie von Räubern überfallen.

Die Räuber verschonten keinen, die Diener erschlugen sie, und die reiche Frau schleppten sie davon. Allein Katrin konnte sich retten. Als sie aus der Kutsche sprang, drückte sie sich fest an einen Baum, und der Baum hielt sie mit seinen Ästen fest, wie ein Vater sein Kind umarmt. So bewahrte die Eiche Katrin vor dem sicheren Tod. Als die Räuber fort waren, schmiegte sich das Mädchen an den Stamm und bedankte sich.

„Hab Dank, liebe Eiche, du hast mir das Leben gerettet. Gern würde ich es dir vergelten. Aber was kann ich schon tun, ich sterbe hier sowieso vor Hunger."

Die Eiche rauschte, als wolle sie etwas sagen, und die Bäume rundum rauschten mit. Katrin setzte sich ins Moos und überlegte. Der Hunger quälte sie.

„Hätte ich wenigstens ein Stückchen Brot und eine Tasse Milch", sagte sie, und siehe da, ein weißes Täubchen flog zu ihr nieder, das trug einen goldenen Schlüssel im Schnabel.

Es warf Katrin den Schlüssel in den Schoß und deutete auf einen großen Baum neben ihr.

„In dieser Eiche findest du ein Schloß. Wenn du den Schlüssel hineinsteckst, tut sie sich auf und gibt dir, was du brauchst."

Wie im Traum befolgte Katrin, was das Täubchen ihr geraten hatte. Der Baum öffnete sich, und vor dem Mädchen stand ein gedeckter Tisch mit weißem Brot und einer Tasse süßer Milch. Als Katrin sich gelabt hatte, schloß sie die Eiche wieder zu.

Hunger hatte Katrin nun nicht mehr, aber dafür fielen ihr die Augen zu. Es war ja auch schon ziemlich spät. Über den Bäumen blitzten die ersten Sterne.

„Wenn ich mich doch irgendwo niederlegen könnte", sagte sie vor sich hin, und siehe da, das Täubchen kam wieder, warf ihr einen zweiten Schlüssel in den Schoß und zeigte auf einen anderen Baum.

„Geh zu jener Eiche. Wenn du sie aufschließt, gibt sie dir, was du brauchst."

Wie im Traum folgte Katrin den Worten des Täubchens, der Stamm tat sich auf, und das Mädchen schaute in ein niedliches Zimmerchen mit einem weichen, bequemen Bettchen. Sie legte sich nieder und schlief zufrieden ein.

Am Morgen erwachte sie, und in ihrem dünnen Röckchen war ihr kalt.

„Hätte ich nur ein Tuch um die Schultern", sagte sie, und das weiße Täubchen war schon mit dem dritten Schlüssel da. Es zeigte auf eine Eiche, die ein Stück entfernt stand, und sagte: „Sie wird dir geben, was du brauchst."

Katrin fand in dem Eichbaum einen großen Schrank, darin waren prächtige Kleider, Tücher und Mäntel, wie nicht einmal Prinzessinnen sie hatten.

Sie hüllte sich in ein wollenes Schultertuch, und nun mangelte es ihr an nichts mehr. Wenn sie Hunger und Durst hatte, öffnete sie die Eiche mit dem gedeckten Tisch. War sie müde, so ruhte sie in der Eiche mit dem weichen Bettchen aus. Kleider gab ihr die Eiche mit dem Schrank. Und wenn ihr traurig ums Herz war und sie Lust hatte, mit jemandem zu sprechen, kam das weiße Täubchen auf ein Plauderstündchen.

Tage vergingen, Wochen, ein ganzes Jahr. Katrin hatte das Täubchen ins Herz geschlossen, und eines Tages fragte sie: „Wie kann ich dir vergelten, daß du so gut für mich sorgst?"

Das Täubchen gurrte erfreut und sprach: „All das tue ich

gern. Doch wenn du mir helfen möchtest: Hier im Wald steht eine Hütte, darin lebt eine häßliche Hexe. Ihr Zimmer starrt von Gold, Silber und Edelsteinen; ich aber brauche nur den gewöhnlichen Bleiring, der dort liegt. Mein Lebtag werde ich es dir danken, wenn du mir den Ring holst. Während du bei der Alten bist, darfst du kein einziges Wort sprechen. Erst wird sie honigsüß zu dir sein, dann aber wie Gift. Brichst du dein Schweigen, so kostet es dich das Leben."

Katrin machte sich auf den Weg. Das weiße Täubchen führte sie bis zum Rande der Lichtung, wo die Hütte stand. Häßlich wie die Nacht saß die Hexe davor. Als sie das Mädchen erblickte, fragte sie freundlich: „Was führt dich zu mir, liebes Kind?" Ohne ein Wort zu sprechen, öffnete Katrin die Tür und trat in die Hütte. Wie angewurzelt blieb sie stehen. Rundum gleißte und glänzte es von Silber, Gold und Edelsteinen.

Die Alte lief hinter ihr her und zischte mit giftiger Zunge: „Schamlose, wer hat dich hergeschickt?"

Katrin antwortete nicht und begann nach dem Bleiring zu suchen. Wie aber sollte sie ihn unter all den Kostbarkeiten finden? Da gab ihr die Alte selbst einen Hinweis. Als sie sah, daß Katrin sich nicht fürchtete, griff sie nach einem Käfig mit einem Vögelchen und wollte aus der Tür laufen. Aber das Mädchen entriß ihr den Käfig, und siehe da, das Vögelchen trug einen einfachen Bleiring im Schnabel. Katrin nahm den Ring, lief aus der Hütte und eilte zurück in den grünen Eichenwald. Sie lehnte sich an einen Eichbaum und verschnaufte ein wenig.

Doch wo ist mein weißes Täubchen? fragte sie sich, und siehe da, kaum hatte sie an das Täubchen gedacht, da umschlang die Eiche sie mit ihren Ästen, die Äste verwandelten sich in zwei Arme, die Eiche wurde zu einem schmucken Jüngling, der küßte Katrin auf die Stirn und sprach: „Du hast den Bann der bösen Hexe gebrochen und hast mich erlöst. Solange sie den Bleiring besaß, mußte ich ein Eichbaum sein. Die anderen Bäume waren mein Gefolge. Seit sieben Jahren stehen sie hier neben mir, und ganze sieben Jahre durften sie kein Wort sprechen. Nur ich konnte reden, und ab und zu konnte ich mich in ein weißes Täubchen verwandeln. Aber nun ist es mit dem bösen Zauber Schluß. Schau nur hin!"

Katrin traute ihren Augen nicht. Wo früher nur Eichen gestanden hatten, erblickte sie lauter schmucke Jünglinge. Wo zuvor nur die Bäume gerauscht hatten, erklangen fröhliche Stimmen.

„Willst du meine Gemahlin werden?“ fragte der Prinz und nahm Katrin bei der Hand. Das Mädchen überlegte nicht lange.

„Ja, ich will!“ sagte sie, und schon am nächsten Tag fand die Hochzeit statt.

Dies erzählte eine alte Eiche, der ich heimlich zuhörte. Und Eichen sollen ja tausend Jahre werden; deshalb wissen sie auch mehr als irgend jemand auf der Welt.

Sterne, Schmetterlinge und Veilchen

Es war einmal und wird nie mehr sein, da lebte ein alter König. Dieser König hatte drei Söhne und eine Tochter. Die Prinzen waren mutig und klug, wie es sich gehörte, und in der ganzen Welt wurde von ihnen erzählt. Aber die Kunde von der Schönheit ihrer Schwester Ileana übertraf noch ihren Ruf. Deshalb kamen Könige und Prinzen aus allen Ländern herbeigefahren, um ihr Glück zu versuchen und um die Hand der schönen Prinzessin anzuhalten.

Viele strömten herbei, aber nur einem war das Glück hold, das war der Sohn des Königs aus dem Nachbarreich. Er war jung und schön und trug den Namen Schmucker Recke zu Recht. Ihm versprach die schöne Ileana Hand und Herz.

Der alte König sandte Boten in alle Himmelsrichtungen, um die Gäste zur Hochzeit zu laden.

Nach drei Tagen kehrten die Boten traurig zurück. An der Grenze des Reiches stand mit einem großen Heer der Feind. Statt zur Hochzeit mußte der König zum Krieg rüsten. Alle jungen Männer des Landes rief er zu sich und stellte seine Söhne an ihre Spitze. Auch der Schmucke Recke gürtete sein Schwert und zog in den Kampf. Mit einigen Getreuen blieb Ileana in der Burg zurück. Sie saß am Fenster, nähte ihrem Bräutigam das Hochzeitshemd und wartete auf Nachricht vom Schlachtfeld.

In einem goldenen Käfig hatte sie einen Zaubervogel, der mit menschlicher Stimme sprechen konnte. Als keine Nachricht aus dem Felde kam, öffnete Ileana die Käfigtür und sprach: „Fliege, Vöglein, über Berge und Täler. Bring mir Kunde von Vater und Brüdern und meinem Schmucken Recken!“

Das Vöglein breitete die Flügel aus und schwirrte durchs

Fenster davon. Ileana schaute ihm nach, bis es hinter dem schwarzen Wald verschwunden war, dann setzte sie sich hin und nähte weiter. Am Abend pickte das Vögelchen ans Fenster, und als Ileana öffnete, sagte es: „Hinter Berg und Tal sah ich auf dem Schlachfeld drei Brüder, wie sie tapfer mit dem Heer des Feindes rangen."

Vor Freude weinte die schöne Ileana. Ihre Tränen fielen auf das Hochzeitshemd des Schmucken Recken und aus jeder entstand ein gestickter Mondstrahl.

Das Vögelchen aber sprach weiter:

„Als ich über Berg und Tal zurückflog, sah ich den König tot im Felde liegen, eine Wunde im Herzen!"

Da begann die schöne Ileana zu klagen. Ihre Tränen fielen auf das Hochzeitshemd des Schmucken Recken, und sie verwandelten sich in Sterne.

Tags darauf schickte die Königstochter das Vögelchen wieder aus. Mit Bangen wartete sie auf seine Rückkehr.

Am Abend pickte es ans Fenster, und als Ileana öffnete, sagte das Vögelchen:

„Hinter Berg und Tal sah ich drei Brüder im Felde fallen am frühen Morgen!"

Ileana brach in Klagen aus. Ihre Tränen fielen auf das Hochzeitshemd für den Schmucken Recken, und aus jeder Träne entstand ein Schmetterling.

Das Zaubervögelchen aber fuhr fort:

„Als ich über Berg und Tal zurückflog, sah ich einen Jüngling mutig mit des Feindes Heer sich schlagen. Ich eilte zur Feenquelle, nach dem Wasser, das hundertfache Kräfte verleiht. Doch zu spät — schon lag der Jüngling leblos auf dem Felde, eine Wunde im Herzen!"

Bitterlich weinte die schöne Ileana, das Hochzeitshemd, das sie für ihren Schmucken Recken nähte, wurde naß von ihren Tränen. Und jede Träne stickte eine herrliche Blume, so blau wie Ileanas Augen. Das war alles, was ihr vom Vater, den Brüdern und dem Bräutigam blieb. Sie drückte das Hemd an die Brust und befahl, die Burg anzuzünden. Als der Feind anrückte, fand er nur noch Ruinen und Asche.

Ileana floh in die Wälder. Sie nährte sich von Erdbeeren und Himbeeren und schlief unter Sträuchern und in hohlen Bäumen. Wenn ihr das Herz schwer war, wenn sie an den Vater, die Brüder und den Schmucken Recken dachte, holte sie ihren ganzen Reichtum, das Hochzeitshemd, hervor, und gleich wurde ihr leichter zumute. Die Sterne aus ihren Tränen stiegen zum Himmel empor, die Schmetterlinge flogen nach allen Richtungen davon, und die Blumen fielen ins Gras und

und blühten und dufteten dort. Seit dieser Zeit leuchten am Himmel die Sterne, fliegen Schmetterlinge über die Wiesen, und Veilchen, so blau wie die Augen der schönen Ileana, duften im Gras.

Gambrinus der Hopfenkönig

Schon der Urvater Noah kannte den Wein, aber das Bier brachte erst König Gambrinus unter die Menschen. Er war ein guter König, wahrscheinlich auch deshalb, weil er ursprünglich gar kein König war, sondern ein ganz gewöhnlicher Glasergeselle. Er lebte in einer Stadt in Flandern, ich weiß nicht einmal, in welcher, aber damals war er überall bekannt. Und jeder mochte den Burschen gern, es war eine Freude, ihn anzusehen: ein rundes Gesicht, kornblumenblaue Augen und Haare wie Gold.

Wenn er durch die Straßen ging, drehten sich alle Mädchen nach ihm um, nur eine nicht. Sie hieß Flandrine und blühte wie eine Rose. War Gambrinus der hübscheste Bursche im Dorf, so war Flandrine das schönste Mädchen der ganzen Gegend. Alle Burschen schauten ihr nach und am meisten der arme Gambrinus.

Wieso der arme Gambrinus? fragt ihr. Nun deshalb, weil Flandrine die Tochter eines Glasermeisters war, und das war damals fast ebensoviel wie ein Graf. Der Meisterrang und die Handwerkskunst vererbte sich in der Familie vom Vater auf den Sohn, und ein Waisenkind aus dem Armenhaus wie Gambrinus konnte im Leben kein Meister werden. Deshalb hatte Flandrine auch keinen Blick für ihn. Der arme Gambrinus wußte gut, daß er sich keine Hoffnung zu machen brauchte. Die Liebe aber quälte ihn von Tag zu Tag mehr, und als er es nicht mehr aushalten konnte, wartete er einmal auf Flandrine und sagte ihr, daß er sie liebe und sie gern heiraten würde. Da hättet ihr hören sollen, was sie ihm für eine Antwort gab.

„Du willst mich haben?" Sie lachte. „Aber ich dich nicht! Ich heirate nur einen Meister, wie mein Vater einer ist und wie es mein Großvater und Urgroßvater waren. Du müßtest schon ein großer Herr werden, wenn ich dich nehmen sollte, zumindest ein Herzog oder König."

Und stolz ging sie ihres Weges.

Gambrinus liebte sein Handwerk, aber als Flandrine ihn so abfertigte, hatte er keinen Mut mehr, in die Glaserwerkstatt zurückzukehren. Er schloß sich in sein altes Häuschen ein und spielte auf der Geige seines verstorbenen Vaters. Flandrine vergaß er so zwar nicht, dafür lernte er aber ganz gut die Geige zu spielen.

Was soll's, sagte er sich schließlich, kann ich kein Glasermeister werden, werde ich eben ein Meister im Violinenspiel. Wenn ich dann berühmt bin und die Taschen voll Geld habe, wird mich Flandrine schon heiraten.

Und sogleich begann er den Leuten seine Kunst vorzuführen. Die Nachbarn lachten ihn zuerst aus, denn wer hatte das je gesehen, ein Glasergeselle, der Geige spielt! Bald aber fanden sie Geschmack an seiner Musik, vor allem die Jüngeren, wenn sie tanzen wollten. Es dauerte nicht lange, und Gambrinus war ein berühmter Musikus. Ohne seine Geige gab es bald weit und breit keine Hochzeit, keinen Taufschmaus, kein Kirchweihfest mehr.

Aber der Ruhm war nicht von Dauer. Einmal, als Gambrinus zum Tanz aufspielte, trat die schöne Flandrine ein. Sobald Gambrinus sie sah, begannen ihm die Hände und Füße zu zittern, als hätte er Schüttelfrost, und er kratzte so grausam auf der Fiedel herum, daß die Tänzer in Harnisch gerieten.

Sie rissen ihm die Geige aus der Hand, schlugen sie ihm über den Kopf, verprügelten ihn und warfen ihn aus dem Saal. Flandrine schaute zu und lachte nur.

Gambrinus glaubte vor Scham zu vergehen. Aber er verging nicht, und weil er überall ausgelacht wurde, wollte er seinem unglücklichen Leben ein Ende machen. Er nahm einen langen Strick, ging in den Wald und kletterte auf eine stattliche Eiche. Doch als er sich den Strick um den Hals legen wollte, wurde er von Zorn erfaßt und schleuderte ihn von sich.

„Das wollen wir doch mal sehen, ob ich Flandrine nicht dennoch bekomme. Ich heirate sie, und wenn ich dafür dem Teufel meine Seele geben müßte."

Kaum hatte er ausgesprochen, stand wie vom Himmel gefallen ein Kerl in Jägerkleidern an der Wegkreuzung, auf dem Kopf ein Federhütchen, über der Schulter das Gewehr und eine Tasche an der Seite.

„Was sagst du da, Gambrinus?" fragte der Jäger. „Du würdest dem Teufel deine Seele geben? Und warum?"

Gambrinus schrak zusammen, dann aber nahm er seinen ganzen Mut zusammen und sagte: „Weil Flandrine mich nicht haben will. Mach, daß sie mich liebt."

Belzebub kratzte sich verlegen hinter dem Ohr.

„Das ist schwierig. Wenn ein Mädchen nicht will, kann auch der Teufel nichts daran ändern."

Aber Gambrinus gab sich nicht so schnell zufrieden.

„So hilf, daß ich wenigstens ein reicher Mann werde. Dann wird sie mich sicherlich wollen."

Das gefiel dem Teufel schon besser.

„Gut. Wenn du kein Glück in der Liebe hast, sollst du wenigstens im Spiel welches haben. Du gewinnst, wo und was du auch spielst. Aber unter einer Bedingung: In dreißig Jahren hole ich mir deine Seele."

Gambrinus sprang von der Eiche und streckte die Rechte hin.

„Abgemacht!"

Aber der Belzebub bestand darauf, daß er auch noch mit dem eigenen Blut unterschrieb. Erst dann schieden sie voneinander. Der Teufel begab sich in die Hölle, und Gambrinus zog in die weite Welt hinaus.

Von nun an ging es ihm gut. Erst versuchte er sein Glück im Bogenschießen. In Flandern wurden damals allerorten Wettschießen veranstaltet, und die besten Schützen gewannen wertvolle Preise. Gambrinus kaufte sich einen Bogen und versuchte sein Glück. Einen Pfeil nach dem anderen schoß er in die Zielscheibe, und es dauerte nicht lange, da war er der beste Schütze im ganzen Land und gewann alles, was es zu gewinnen gab.

Man kann sich vorstellen, daß er des Schießens bald überdrüssig wurde, und so versuchte er etwas anderes. Er besorgte sich einen Stieglitz und ging zum Wettsingen. Das war damals noch beliebter als das Bogenschießen, und auf manchen Stieglitz wurden tausend Dukaten gesetzt. So ein Stieglitz sang bis zu einer Stunde. Am längsten aber sang der Stieglitz, mit dem Gambrinus am Wettbewerb teilnahm. Das Teufelsglück verließ den Burschen auch hier nicht. Er holte sich den ersten Preis, und das war nicht gerade wenig, genau tausend Dukaten. Wie beim Bogenschießen wanderte Gambrinus nun von einer Stadt zur anderen, und überall war er Sieger.

Aber bald verdrossen ihn auch die Stieglitze. Und so ging er zu den Karten über. Erst in einer Stadt, dann in ganz Flandern und schließlich in allen benachbarten Königreichen, wo er sich zum Spiel hinsetzte, gewann er, und in kurzer Zeit war er der reichste Mann im ganzen Land.

Doch all das Geld half ihm nicht über seine unglückliche Liebe hinweg. Sie quälte ihn immer mehr, und eines Tages nahm er all seinen Mut zusammen, ging zur schönen Flandrine und sagte ihr, daß er sie noch immer liebe und sie gern heiraten würde.

„Wenn du mich heiratest, gehören dir all meine Reichtümer."

Da hättet ihr hören sollen, was Flandrine ihm antwortete.

„Deine Schätze kannst du behalten.“ Sie lachte. „Ich habe dir schon einmal gesagt, daß ich nur einen Glasermeister heirate, wie mein Vater einer ist. Du müßtest zu deinem Reichtum schon noch eine Herzogs- oder Königskrone legen! Bevor du sie hast, brauchst du mir nicht wieder vor die Augen zu treten!“

Und stolz ging sie ihres Weges.

Das war für Gambrinus ein schlimmer Schlag. Er hatte sich so auf sein Geld verlassen, und jetzt war es zu nichts nütze. Erst glaubte er, vor Leid vergehen zu müssen, und so wollte er seinem unglücklichen Leben ein Ende setzen. Doch wieder geriet er in Zorn, schleuderte den Strick von sich und rief:

„Wir wollen doch mal sehen, ob ich die stolze Flandrine nicht vergessen kann. Ich vergesse sie, und wenn mir der Teufel dabei helfen müßte! Belzebub, wo bist du?“

Gleich stand der bekannte Kerl in Jägerkleidern vor ihm und fragte: „Was gibt's?“

„Das Glück im Spiel hat mir nicht geholfen“, sagte Gambrinus. „Flandrine will mich nicht haben, obwohl ich jetzt reich bin. Gib mir etwas anderes. Und wenn du es schon nicht erreichen kannst, daß sie mich liebt, so mach, daß ich sie vergesse. Du bekommst doch meine Seele. Hilf mir!“

Der Teufel kratzte sich hinterm Ohr.

„Also gut, ich schenke dir etwas, was sonst niemand auf der Welt hat. Sieh her!“

Er zeigte nach rechts und links. Wo eben noch der Wald stand, zog sich plötzlich ein weites Feld hin, mit hohen Pfählen, um die sich eine unbekannte Pflanze rankte.

„Was ist das?“ fragte Gambrinus verwundert.

„Das ist Hopfen“, antwortete der Herr der Hölle. „Diese Pflanze wird dich von deiner Qual befreien. Komm und sieh dir das an.“

Gambrinus wußte nicht, ob er träumte oder wachte. Der Teufel führte ihn zu einem großen Haus voller Öfen, Kessel und Fässer. Dazwischen liefen Männer umher und kochten etwas.

„Sie brauen aus Gerste und Hopfen ein wundersames Getränk. Es heißt Bier. Hier hast du einen Krugvoll, probier es nur einmal!“

Gambrinus hob den Krug, der war mit einer goldenen Flüssigkeit, auf der eine weiße Schaummütze saß, gefüllt. Der erste Schluck erschien ihm bitter, der zweite mundete schon besser, und beim dritten Mal trank er auf einen Zug den ganzen Krug aus.

„Nun, was sagst du dazu?“ fragte der Teufel.

„Es schmeckt mir, Belzebub. Nur eines brauche ich noch. Ich will nicht nur Flandrine vergessen, ich will auch den Leuten, die meine Geige zerschlugen, eine Lehre erteilen. Gib mir eine Musik, bei der jeder so lange tanzen muß, wie ich es will.“

Der Herr der Hölle lachte.

„Die sollst du bekommen. Hör zu!“

In der Ferne erklangen Glocken, erst in einem Dorf, dann im zweiten, dritten, vierten. Jede klang anders, jede hatte einen anderen Ton.

„Versammle all diese Glocken, und du wirst ein Glockenspiel haben, wie es kein anderer auf der Welt besitzt.“

Gambrinus freute sich.

„Hab Dank, Belzebub!“

Aber der Teufel lachte nur.

„Bedanke dich nicht. Für all das bezahlst du mit deiner Seele. In dreißig Jahren hole ich dich!“

Dann verschwand er wie Nebel über dem Fluß und das Hopfenfeld und die Brauerei mit ihm. Aber die sonderbare Pflanze, der Hopfen, blieb. Ein ganzer Haufen davon lag zu seinen Füßen.

Gambrinus trug den Hopfen nach Hause. Er legte ein solches Hopfenfeld an und baute eine Brauerei, wie Belzebub es ihm gezeigt hatte. Außer den Öfen, Fässern und Kesseln, die zum Bierbrauen gebraucht werden, gab es in der Brauerei auch ein hübsches Türmchen, darin waren ein Dutzend Glocken und Glöckchen untergebracht. Gambrinus hatte sie vom besten Glöckner gießen lassen und das Glockenspiel zusammengestellt. Es spielte ein lustiges Liedchen, zum Tanzen gerade recht. Aber das wußte noch niemand.

Die Dorfbewohner glaubten, der Bursche sei vor Liebe irre geworden, und lachten ihn aus, er gab nichts darauf und wartete, bis seine Zeit kam.

Als das erste Gebräu fertig und das Bier abgefüllt war, ließ Gambrinus die Fässer auf den Marktplatz rollen, wo Tische mit Humpen bereitstanden. Es war gerade Sonntag, und die Menschen kamen aus den Häusern, um ein wenig zu plaudern.

Gambrinus bot ihnen sein Wundergetränk an, aber das Bier schmeckte den Nachbarn nicht.

„Wie bitter das ist!“ rief einer, „Gallebitter!“ ein zweiter; „Entsetzlich!“ rief ein dritter und spuckte aus.

Gambrinus aber lachte nur. Als der Marktplatz voller Menschen war, stieg er in den Brauereiturm und ließ das

Glockenspiel erklingen. Da hoben sich die Füße der Leute, und sie begannen zu tanzen.

Sie tanzten den ganzen Nachmittag. Zuerst lachten sie, bald aber hatten sie genug davon und flehten: „Gambrinus, hör auf, es reicht! Hab Mitleid mit uns!"

Aber der Bursche lachte nur.

„Hattet ihr mit mir Erbarmen?"

Er ließ die Glocken weiter klingen, und die Nachbarn mußten weiter hüpfen und springen.

Vom Tanzen bekamen sie ausgetrocknete Kehlen.

„Durst! Durst!" stöhnten sie.

Da stellte Gambrinus das Glockenspiel für ein Weilchen ab, und die Leute stürzten sich auf die Bierhumpen. Diesmal fanden sie Geschmack an dem Gebräu.

„Mehr! Noch mehr!" riefen sie, und als sie sich satt getrunken hatten, begannen sie von selbst zu tanzen und hörten nicht mehr auf, bis die Dunkelheit hereinbrach.

So wurde Gambrinus über Nacht berühmt. Die Kunde von seinem Wundergetränk flog wie ein Blitz durchs ganze Land. Aus allen Ecken Flanderns strömten die Leute herbei, um das Bier zu kosten und nach dem Glockenspiel zu tanzen. Es dauerte gar nicht lange, da gab es so ein Glockenspiel und so eine Brauerei nicht nur in jedem flandrischen Städtchen, sondern auch in den Nachbarländern. Der König erhob Gambrinus in den Herzogsstand, und seine Landsleute ernannten ihn zum König des Biers.

Seit Gambrinus das Zaubergetränk aus Hopfen hatte, verging sein Leid langsam, aber sicher. Bei einem Humpen Bier vergaß er Flandrine. Als er Herzog und Bierkönig wurde, kam es ihm nicht mehr in den Sinn, um sie zu werben.

Jetzt aber begann das Mädchen sich zu grämen. Obwohl sie Gambrinus immer mit stolzem Lachen abgefertigt hatte, dachte sie in einem Winkel ihres Herzens noch immer an ihn. Deshalb hatte sie auch keinen anderen geheiratet. Sie wartete, daß er sie holte, nachdem er Herzog und gar König geworden war. Und weil er nicht kam, ging sie selbst zu ihm. Er saß bei seinem Humpen Bier und wiegte sich im Takt des Glockenspiels. Statt seiner Hand bot er Flandrine einen Krug Bier an.

Flandrine blieb bis zu ihrem Tod allein. Zu spät bereute sie ihren Stolz. Doch Gambrinus quälte jetzt nichts mehr. Er kümmerte sich um sein Hopfenfeld, um die Brauerei und das Glockenspiel. Ansonsten saß er hinter dem Tisch beim Krug und hielt Ausschau nach dem Teufel.

Als die dreißig Jahre um waren, kam, wie vom Himmel gefallen, der Kerl in Jägerkleidern, das Federhütchen auf dem

Kopf und das Gewehr über der Schulter, die Straße entlang.

„Sieh da, der Belzebub", lachte Gambrinus und setzte das Glockenspiel in Gang, um ihn gebührend zu begrüßen. Kaum hörte der Herr der Hölle die Musik, da hoben sich seine Füße, und er begann zu tanzen.

„Halt ein", rief er, aber Gambrinus hörte nicht auf, und der Teufel mußte weiter hüpfen und springen. Nach einer Weile war er naß vor Schweiß, nach einer Stunde knickten ihm die Beine weg, nach zwei Stunden winselte er um Erbarmen.

„Wenn du aufhörst, gebe ich dir dein Versprechen zurück!"

Erst als der Vertrag in kleine Stücke zerrissen war, stellte Gambrinus das Glockenspiel ab und bewirtete den Teufel mit Bier. Der trank auf einen Zug ein ganzes Faß aus und verschwand.

Gambrinus aber lebte in Ruhe und Frieden genau hundert Jahre. Bis zum Tode braute er Bier und horchte auf sein Glockenspiel. Als er schließlich doch starb, fanden die Nachbarn an seiner Statt ein großes Faß von dem Gerstensaft. Das ist auch der Grund, warum niemand sein Grab kennt. Geblieben sind nur sein Name und die Wunderpflanze des Teufels, die Hopfen heißt.

Die Myrte und der König von Spanien

Eine Myrte hinter dem Fenster soll bedeuten, daß im Hause ein heiratsfähiges Mädchen wohnt. Aber das ist nicht immer wahr. Eine arme Frau hatte lange Jahre eine Myrte im Blumentopf, obwohl sie mit ihrem Mann ganz allein lebte. Ihr wißt ja, ohne Kinder ist es oft traurig, aber was konnte sie machen?

Die Myrte wurde von Jahr zu Jahr größer und trieb neue Ästchen, bis die Frau eines Tages voll Kummer sprach: „Ständig hat sie neue Triebe, und was habe ich? Wenn ich doch ein Kindchen hätte, und wäre es auch so klein wie ein Myrtenreis."

Die arme Frau hatte ihren Wunsch bald vergessen, aber nach kurzer Zeit erinnerte sie sich wieder daran. Übers Jahr brachte sie ein Kind zur Welt, und als sie es das erste Mal ansah, weinte sie vor Freude und Leid zugleich. Es war kein Knabe, es war kein Mädchen, es war ein kleines Myrtenreis.

Die Frau schloß die kleine Myrte in ihr Herz, als sei sie ein richtiges Menschenkind. Sie pflanzte sie liebevoll in einen hübschen Blumentopf, goß sie jeden Morgen und plauderte mit ihr den ganzen Tag. Fortan bedrückte sie es nicht mehr, daß sie allein war.

Auch den Nachbarn gefiel die kleine Myrte; sie liefen herbei, um sie sich anzuschauen. Und kamen zufällig Freunde vorbei, konnten sie die Augen nicht von ihr lassen. So eine schöne Myrte hatte noch niemand gesehen.

Auch das Herz eines jungen Königs gewann die Myrte. Er war aus dem weiten Spanien gekommen, und kaum hatte er das Reis hinter dem Fenster erblickt, trat er in das Häuschen und sprach zu der armen Frau: „Was habt Ihr da für eine schöne Myrte! Verkauft sie mir, liebe Frau, ich gebe Euch

dafür, was ihr wollt! Wenn ich sie nicht bekomme, bricht mir das Herz."

„Wie kann ich sie dir verkaufen, ist sie doch meine Tochter!" entgegnete die arme Frau. Und sie erzählte dem König von Spanien, was sich zugetragen hatte.

Aber der König ließ von der Myrte nicht ab. Wenn er sie im Guten nicht bekommen konnte, so wollte er sie im Bösen nehmen. In der Nacht, als in der Hütte alles schlief, schlich er sich zum offenen Fenster und trug die Myrte mit sich fort. Als die arme Frau am Morgen aufstand und ihren Blumentopf vermißte, befand der König von Spanien sich schon auf dem weiten Meer. Drei Tage später landete sein Schiff an der spanischen Küste, eine Woche danach war er zu Hause in seinem königlichen Schloß und pflanzte die Myrte eigenhändig in die Mitte seines Gartens.

Liebevoll pflanzte der König sie ein, liebevoll goß er sie jeden Morgen, liebevoll spielte er ihr jeden Abend auf der Flöte vor. Sie sollte ihm Glück bringen. Solange er die Myrte noch nicht hatte, waren seine Lieder oft traurig gewesen. Jetzt aber wurden sie von Mal zu Mal lustiger. Als er am ersten Abend zu spielen begann, rauschte die Myrte, als wollte sie singen. Am zweiten Abend begann sie sich zu wiegen, als wollte sie tanzen. Am dritten Abend aber stieg aus der Myrte ein wunderschönes Mädchen mit Haaren bis zum Boden und wiegte sich nach der Melodie.

„Wer bist du?" fragte der König.

„Ich bin deine Myrte", antwortete das Mädchen und stieg wieder in die Pflanze.

Seitdem dachte der König von Spanien an nichts anderes mehr als an das Mädchen aus der Myrte. Sowie er Zeit hatte, eilte er in den Garten und plauderte mit ihr. Sie gingen miteinander spazieren und waren froh.

Doch ihr Glück dauerte nicht lange. Der König mußte in den Krieg ziehen. Als er das dem Myrtenmädchen sagte, begann es zu weinen. Er tröstete es.

„Sei nicht traurig, ich komme bald zurück. Wenn ich dreimal auf der Flöte blase, ist es für dich das Zeichen, herauszukommen. Sonst aber zeige dich nicht, denn die Menschen können böse sein."

Der König nahm von seiner schönen Myrte Abschied; dann ließ er seinen treuen Gärtner rufen.

„Du wirst sie jeden Morgen gießen, wirst sie hüten wie deinen Augapfel. Wenn ihr in meiner Abwesenheit etwas zustößt, ergeht es dir schlecht. Ich lasse dich ohne Gnade enthaupten!"

Der spanische König zog in den Krieg, und im Schloß blieben nur seine drei Schwestern zurück. Das waren sehr neugierige Prinzessinnen. Sie ließ es schon lange nicht mehr schlafen, warum ihr Bruder ständig in den Garten lief und wem er dort auf seiner Flöte vorspielte. Solange der König noch im Schloß weilte, fehlte es ihnen an Mut, ihn zu fragen oder ihm nachzuspüren. Kaum aber war er fortgeritten, durchsuchten sie ohne Scheu sein Gemach, bis sie die Flöte fanden. Schnell liefen sie damit in den Garten. Zuerst hob die älteste Schwester die Flöte an den Mund und blies hinein. Aber mehr brachte sie nicht fertig, ein Lied konnte sie nicht spielen.

„Zeig mal her", sagte die mittlere Schwester und versuchte es selbst. Sie hob die Flöte an den Mund und blies hinein. Das war aber auch alles, was sie zuwege brachte, ein Lied konnte sie nicht spielen.

Schließlich nahm die dritte und jüngste Prinzessin die Flöte und blies hinein.

„Mein lieber König ist aus dem Krieg heimgekehrt", sagte das Mädchen in der Myrte und sprang frohen Herzens hinaus. „Deshalb also war unser Bruder ständig im Garten", riefen wütend die neugierigen Prinzessinnen. „Wir werden es dir schon zeigen, du Hexe!" Und sie packten das Mädchen bei den langen Haaren. Bevor es sich losreißen und in der Myrte verschwinden konnte, war die Ärmste halbtot.

Abends kam der Gärtner, um nach der Myrte zu sehen, und blieb wie angewurzelt stehen. Die Pflanze war ganz zerzaust, die Hälfte der Blätter lag auf der Erde.

„Wer hat das getan?" rief er erschrocken. „Wenn der König das sieht, läßt er mir den Kopf abschlagen. Ich tue besser daran, in die Wälder zu flüchten."

Und noch am selben Abend suchte der Gärtner das Weite. Um Mitternacht kam er in einen tiefen Wald. Um vor den wilden Tieren sicher zu sein, kletterte er in die dichtbelaubte Krone einer alten Eiche. Der Baum stand an einem Kreuzweg, und um Mitternacht trafen sich darunter die Hexen zu einer Beratung.

„Was gibt es Neues auf der Welt?" fragte die eine.

„Was soll schon sein, alles wie gehabt", sagte die zweite.

„Alles ist beim alten, bis auf die Myrte im Garten unseres Königs", sprach die dritte.

„Was ist mit ihr?" fragten alle zugleich.

„Sie geht zugrunde", antwortete die dritte und erzählte, wie die Schwestern des Königs das schöne Mädchen aus der Myrte zugerichtet hatten.

„Und was könnte ihr helfen?“ fragten die anderen Hexen.

„Das sage ich nicht, die Bäume haben Ohren“, entgegnete die Hexe.

„Sei unbesorgt“, riefen die anderen, „der Wald verrät nichts.“

„Also gut, ich sage es euch“, sprach die Hexe. „Der Myrte hilft nur das Blut einer Hexe. Würde jemand die Pflanze damit bestreichen, so vertrocknet sie, das schöne Mädchen aber stiege für immer heraus.“

Der Gärtner in der Eichenkrone vernahm jedes Wort. Als die Hexen auseinandergingen, sprang er der letzten hinterdrein, erschlug sie und fing ihr Blut in seinem Hut auf. Dann eilte er nach Hause. Er bestrich die Myrte mit dem Blut und ließ keinen einzigen Zweig aus. Kaum hatte er den letzten bestrichen, da vertrocknete die Pflanze, und ein reizendes Mädchen stieg aus dem trockenen Blattwerk. Der Gärtner führte es in sein Häuschen, gab ihm zu essen und zu trinken und bereitete ihr ein Nachtlager.

Während das Mädchen aus der Myrte zufrieden schlummerte, kehrte der junge König mit seinem Heer siegreich aus der Schlacht zurück. Im Schloß wurde er mit Jubel begrüßt. Aber er hielt sich nicht auf, noch im Harnisch eilte er in den Garten. Als er die Myrte vergilbt und vertrocknet sah, blieb ihm vor Schmerz fast das Herz stehen. Er lief zum Gärtnerhäuschen.

„Komm heraus, Verräter, das sollst du mir büßen!“

Der alte Gärtner trat heraus und verneigte sich bis zur Erde.

„Beruhige dich, Herr, und tritt ein, ich möchte dir etwas Schönes zeigen!“

Der König wollte nichts sehen und nichts hören. Der Gärtner aber nahm ihn bei der Hand.

„Komm nur und schau! Den Kopf kannst du mir immer noch abschlagen lassen.“

Im Zimmer saß auf dem Bett das schöne Mädchen aus der Myrte. Der König stieß einen Freudenschrei aus.

„Wie kommst du hierher, schöne Myrte?“

Nun erzählte das Mädchen, was seine Schwestern ihr angetan hatten.

„Wäre nicht der Gärtner gewesen, du hättest mich nicht wiedergesehen.“

Da schickte der König die neugierigen Schwestern ins Kloster, den treuen Gärtner machte er zu seinem Ratgeber, und das schöne Mädchen aus der Myrte nahm er zur Frau. Zur Hochzeit wurden auch die Eltern eingeladen, der Mann und die Frau aus dem ärmlichen Häuschen. Mit Staunen sahen sie, was für eine schöne Braut aus dem Myrtenreis geworden war. Die Mutter hatte die Myrte hinter dem Fenster nicht umsonst gehütet.

Warum die Eiche gezackte Blätter hat

Es lebte einmal ein Häusler, der hatte viele Kinder. Er und seine Frau sorgten für sie, so gut sie es vermochten. Eigenes Land besaßen sie nicht, so mußte sich der Mann als Tagelöhner verdingen. Und was er heimbrachte, war zum Sterben zuviel und zum Leben zuwenig.

„Himmel und Hölle!" fluchte der Häusler eines Tages, „uns kann nur noch der Teufel helfen!"

Ihm war es nicht ernst damit, aber der Teufel läßt sich so etwas nicht zweimal sagen. Als Jägersbursche, das Federhütchen auf dem Kopf, das Gewehr über der Schulter und an einem Bein den Pferdehuf, trat er vor den Häusler und fragte nach seinem Begehr.

Der erschrak, weil er gleich wußte, mit wem er es zu tun hatte. Dann nahm er all seinen Mut zusammen und antwortete: „Du weißt doch, was mir fehlt: Ein schönes Stück Feld, ein paar Pferde und ein Pflug, damit ich meine Frau und die Kinder ernähren kann."

„Das sollst du haben", sagte der Jägersbursche, winkte mit der Hand, und auf dem Tisch stand plötzlich ein Topf mit Goldstücken.

„Hierfür kannst du alles kaufen, aber du mußt mir auch etwas geben."

„Und was wäre das?" fragte der Häusler.

„Dich selbst", sagte der Jägersbursche. „In einem halben Jahr hole ich dich."

Der Mann kratzte sich hinterm Ohr.

„Ein halbes Jahr, das ist zu wenig! Da könnte ich ja nicht einmal mein Feld bestellen und abernten. Weiß du was, hole mich, wenn alle Blätter abgefallen sind."

„Einverstanden." Der Bursche lachte.

Und so plötzlich, wie er gekommen war, verschwand er

wieder. Nur der Topf mit den Goldstücken blieb auf dem Tisch zurück.

„Was hast du nur getan?" rief die Frau des Häuslers und rang die Hände. Aber der Mann beruhigte sie.

„Fürchte dich nicht. Der Teufel ist klug, aber ein armer Mann muß klüger sein, als alle Teufel zusammen, sonst stände es schlecht mit ihm in der Welt."

Frühling und Sommer vergingen, der Herbst kam. Der Häusler hatte von seinem Feld eine reiche Ernte eingebracht, und die Kinder hatten genug zu essen. Ihnen schmeckte es, nur die Frau verlor den Appetit und schaute aus dem Fenster, wie die Blätter gelb wurden und abfielen. Es dauerte nicht lange, und die Bäume rings um das Häuschen waren kahl wie Finger. Und eines Morgens erschien der Jägersbursche, auf dem Kopf das Federhütchen, das Gewehr über der Schulter, anstelle eines Fußes den Pferdehuf.

„Ich komme, dich zu holen", sprach er zum Häusler. „Die Blätter sind alle abgefallen, deine Zeit ist da."

Aber der Häusler fürchtete sich nicht. Er kratzte sich hinterm Ohr und sagte: „Die Blätter sind abgefallen, das ist schon wahr. Aber noch nicht alle. Schau dir den Wald da drüben an!" Er zeigte auf einen Hügel hinter dem Häuschen. Dort standen junge Eichen, die hatten noch genügend Blätter. Da mußt du schon noch einmal wiederkommen."

„Darauf kannst du dich verlassen", sprach wütend der Jägersbursche und verschwand.

Einen Monat später war er wieder da. Überall lag schon Schnee, die kahlen Bäume zitterten im Wind, aber der Eichenhain auf dem Hügel trug noch immer Blätter. Der Häusler lachte. Er wußte, daß die Eiche ihre Blätter im Winter nicht abwirft, und sagte zu dem Burschen: „Wie du siehst, noch immer sind nicht alle Blätter abgefallen. Und sie fallen auch nicht so bald ab. Du mußt später kommen."

Der Jägersbursche knirschte mit den Zähnen und verschwand. Kaum war zu Frühlingsanfang das Eis getaut, kam er zum dritten Mal. Der Schnee war geschmolzen, die Bäume begannen zu grünen, aber an den Eichen zitterten noch immer die Blätter vom vorigen Jahr.

Der Häusler führte den Jägersburschen zum Eichenhain und lachte.

„Auch jetzt sind noch nicht alle Blätter abgefallen. Und sie werden auch nicht mehr abfallen. Schau nur hin!" Zwischen den letzten alten Blättern wuchsen an den Eichen bereits neue Blättchen.

Der Teufel sah, daß der Häusler ihn überlistet hatte. Wütend schlug er die Finger in die jungen Blätter und verschwand.

Der Häusler kam ohne Schaden davon. Aber an den Eichenblättern, die vorher einen schönen glatten Rand hatten, sind die Spuren von des Teufels Fingern bis heute zu sehen. Und bis zum heutigen Tag wirft die Eiche ihre Blätter erst im Frühling ab, wenn schon die neuen grünen.

Wie die Rebe auf die Welt kam

Es wird erzählt, daß einst ein mächtiger Schah lebte, der Herrscher vom ganzen Chorazan, der hatte einen einzigen Sohn, schön wie der Tag und mutig wie ein Löwe. Der Prinz hieß Badam. Was er anpackte, gelang ihm, den größten Ruhm aber erwarb er sich als Bogenschütze. So einen Schützen hatte Chorazan nie gesehen.

Einmal trug es sich zu, daß der Schah mit seinem Sohn und seinen Wesiren im Garten lustwandelte. Da stürzte zu seinen Füßen ein Adler nieder, um dessen Hals wand sich eine giftige Schlange.

„Wer befreit den Vogel von der Schlange?" rief der Herrscher.

„Ich, Vater, wenn du erlaubst!" Der Prinz hob den Bogen, spannte ihn, schoß den Pfeil ab, und traf die Schlange direkt in den Kopf. Tot sank sie auf den Boden, der Adler aber spannte die Flügel, zog einen Kreis über den Versammelten und verschwand in den Wolken.

Nach Jahr und Tag befand sich der Schah mit seinem Sohn und den Wesiren abermals im Garten. Gerade hatten sie sich auf einem Teppich im Gras niedergelassen, da kreiste über ihnen ein großer Adler, ließ ein paar Samenkörnchen fallen und verschwand wieder in den Wolken.

Verwundert rief der Schah: „Das war gewiß der Adler, den Badam damals gerettet hat. Er bringt uns ein Geschenk. Sät den Samen aus!"

Der Gärtner des Schahs legte die Samen in den Boden. Nach einiger Zeit wuchs daraus ein unbekannter Strauch, der wurde immer kräftiger, bis er über und über mit schweren

Trauben bedeckt war. Die Beeren reiften und platzten in der Sonne. Saft floß heraus, den sie in einem Krug auffingen. Der Saft begann zu gären. Nach einiger Zeit aber wurde er klar und leuchtete wie Gold. Was sie damit anfangen sollten, das wußte niemand, nicht einmal der weiseste der Wesire. Doch gab er den Rat, das unbekannte Getränk einem zum Tode Verurteilten zu reichen.

Der Gefangene trank den ersten Becher aus und verzog das Gesicht. Er leerte den zweiten Becher und lächelte. Und nach dem dritten Becher begann er lustig zu singen, als hätte er vergessen, daß der Tod ihn erwartete.

Da begnadigte der Schah den zum Tode Verurteilten und kostete dann selbst von dem Wundergetränk. So kam die Weinrebe auf die Welt, so brachte der dankbare Adler den Menschen bei, süße Trauben zu essen und sauren Wein zu trinken.

Philemon und Baucis

Wenn ihr auf einer Anhöhe zwei einsam stehende Bäume seht, die einander umarmen, so stört sie nicht in ihrem Glück. Vielleicht wachsen sie dort durch den Willen eines Gottes, so wie die Linde und die Eiche auf einem Hügel in Phrygien.

Einst besuchte der Göttervater Zeus dieses Land. Er wanderte in menschlicher Gestalt durch die Welt, und sein Sohn Hermes begleitete ihn. Eines Tages erreichten sie, von den Strapazen des Weges staubig und erschöpft, eine reiche Ortschaft. Aber vergebens fragten sie nach einem Nachtlager, überall fanden sie verschlossene Türen. Nur in einem Häuschen am Rand der Gemeinde wurden sie freundlich empfangen. Es war zwar klein und nur mit Stroh gedeckt, aber die Gastfreundlichkeit seiner Bewohner machte die Armut wett. In diesem Häuschen lebten lange Jahre in Liebe und Eintracht der alte Philemon und seine Frau Baucis. Sie waren so arm wie ihre Wohnstatt, sie waren Herr und Diener zugleich.

Als die Wanderer die niedrige Hütte betraten, bat sie Philemon, Platz zu nehmen, und Baucis tischte auf. Sie schürte im Kamin das fast erloschene Feuer, stellte einen Kessel mit Wasser auf, kochte ein Stück Geräuchertes und reichte den Gästen Salat und Radieschen dazu, sowie Käse und Eier. Philemon brachte einen guten Tropfen herbei. Und als Nachspeise erhielten die Gäste eine Honigwabe, Feigen und Datteln. Das war alles, was die Alten geben konnten, und es war reichlich, denn es kam von Herzen.

Die Alten wußten nicht, wer ihre Gäste waren, aber bald erkannten sie es. Obwohl Philemon nicht nachgießen konnte, füllte sich der Krug durch den Willen der Götter immer aufs neue mit Wein.

Philemon und Baucis erkannten, daß sie von Göttern besucht wurden. Sie rangen die Hände und baten demütig, ihnen das bescheidene Essen zu verzeihen. Um ihre Schuld zu tilgen, liefen sie in den Hof hinaus und begannen ihre einzige Gans zu jagen. Aber die beiden hatten einen schwachen Atem, und die Gans hatte schnelle Flügel. Sie entkam und begab sich unter den Schutz der Gäste, die sie verschonten.

„Wir sind Götter", sprachen sie zu den Alten, „und für eure ungastlichen Nachbarn wird die Strafe nicht ausbleiben. Verlaßt eure Hütte und geht mit uns auf jene Anhöhe."

Philemon und Baucis eilten, sich auf ihre Stöcke stützend, den Göttern hinterdrein. Als sie am Fuß der Anhöhe zurückschauten, sahen sie die Ortschaft im Wasser versinken. Nur ihre Hütte hatte keinen Schaden genommen. Vor ihren Augen verwandelte sie sich in einen Tempel.

Der Göttervater wandte sich an die beiden Alten und sprach freundlich zu ihnen: „Eure Güte soll belohnt werden. Sagt euren Wunsch; er wird in Erfüllung gehen."

Philemon und Baucis berieten sich ein Weilchen, dann sagten sie: „Wir möchten die Wächter des Tempels werden. Und wenn unsere Zeit abgelaufen ist, möchten wir zusammen sterben, so wie wir bis jetzt gemeinsam gelebt haben."

Die Götter erfüllten ihnen die Bitte. Solange sie lebten, waren sie die Wächter des Tempels. Und als ihre Stunde kam, sah Philemon plötzlich, wie sich Baucis in grüne Blätter einhüllte. Und Baucis erblickte Philemon von grünen Blättern umgeben. „Leb wohl, liebe Frau!" — „Leb wohl, lieber Mann!" sprachen sie leise, bevor ihre Stimmen in den Baumkronen verstummten.

Seitdem stehen auf dieser Anhöhe eng beieinander eine Eiche und eine Linde.

Warum der Mohn blutrot ist

Es ist schon sehr lange her, noch ehe auf den Feldern und Rainen roter Mohn blühte, da lebte eine arme Witwe. Sie hatte nichts auf der Welt als eine alte Hütte und einen kleinen Sohn. Eine Freude war es, den Jungen anzuschauen: Augen wie Sterne, Wangen wie Rosen und Haare wie Gold. Er half der Mutter, wo er konnte.

Obwohl die beiden sich nach Kräften mühten, war in dem kleinen Häuschen oft der Hunger zu Gast. Einmal, als die arme Witwe erkrankte, wurde es besonders schlimm. „Söhnchen, wir werden Hungers sterben", klagte sie und wußte nicht, was sie tun sollte. Schließlich entsann sie sich des reich bestickten Hochzeitstuches in der Truhe. Sie hatte es von ihrer Mutter geerbt. So ein Tuch wurde damals mit Gold bezahlt.

„Nimm es und trag es zum Onkel ins Nachbardorf", bat sie den Jungen. „Er ist reich, er soll uns wenigstens ein Säckchen Mehl und ein Stück Käse dafür geben."

Der Junge legte das Tuch zusammen, steckte es in die Tasche und brach ohne Zögern auf.

Der Weg war schwer, er führte zuerst durch einen tiefen Wald, dann durch eine Wüste und schließlich über ein hohes Gebirge. Die Mutter fürchtete, er könne sich verirren oder von den wilden Tieren zerrissen werden. Aber der Junge beruhigte sie.

„Bevor die Sonne hinterm Wald untergeht, bin ich zurück, und dann wird alles gut!"

Doch die Sonne war schon hinter den Bäumen verschwunden, und der Junge kam noch immer nicht. Die Mutter hielt erst aus dem Fenster nach ihm Ausschau, dann trat sie über die Schwelle, schließlich warf sie sich ein Tuch um die Schultern und ging ihm entgegen. Die Angst gab ihr Kraft.

„Söhnchen, wo bist du?“ rief sie immer wieder.

So durchquerte sie den Wald und die Wüste, so hastete sie die Berge hinauf. Sie achtete nicht darauf, daß ihre Füße von Dornen und Steinen bluteten, und rief mit lauter Stimme nach ihrem Sohn.

Auf dem Gipfel des Berges hörte sie auf einmal eine leise Stimme: „Hier bin ich, Mütterchen!“

Der Junge war auf einem Stein ausgeglitten und in eine Schlucht gefallen. Dort fand ihn die Mutter. Sie nahm ihn in die Arme und küßte ihn liebevoll, dann machten sich die beiden langsam auf den Heimweg. Aber als sie durch die Wüste gingen, blühten dort, wo vorher nur Dorngebüsch wuchs, wunderschöne rote Blumen. Sie waren aus den Blutstropfen gewachsen, die von den Füßen der Mutter fielen.

Seitdem blüht der Mohn überall auf der Welt. Am reichsten aber blüht er rings um das Häuschen, in dem die arme Witwe mit ihrem Sohn lebte. Mit den Mohnblumen war das Glück dort eingezogen. Wie durch ein Wunder verschwanden Elend und Not.

Wie die Kokospalme auf die Welt kam

Manchmal ist es schwerer zu leben als zu sterben. Als Rahim und Rahman ihren Vater verloren, erbten sie nur Schulden. Sie verkauften alles, was sie besaßen; dennoch konnten sie nur einen Teil dessen abzahlen, was ihr Vater den Leuten schuldete. Das grämte die Brüder, sie wollten nicht, daß über den Vater schlecht gesprochen werde.

Aber sie hatten ja nur ihre Hände und verdienten kaum, was sie selbst zum Leben brauchten.

Eines Tages beschlossen sie, in die weite Welt zu ziehen.

„Falls das Glück uns hold ist, kehren wir reich zurück und bezahlen alle Schulden. Und sollten wir kein Glück haben, hören wir wenigstens das Gerede über unseren Vater nicht."

So machten sich Rahim und Rahman auf den Weg. Die erste Nacht mußten sie in einem tiefen Wald verbringen. Sie legten sich unter einen Baum, und im Traum erschien beiden ein Greis mit weißem Bart, der sprach zu ihnen: „Wenn ihr eures Vaters guten Namen retten wollt, muß einer von euch sein Leben opfern. Aus seinem abgeschlagenen Kopf wird ein Baum mit seltenen Früchten wachsen. Mit dem Obst könnt ihr die Schulden begleichen."

Am Morgen weckte Rahim den Bruder, reichte ihm sein Schwert und sprach: „Bruder, mir träumte heute nacht, daß du mir den Kopf abschlagen und eingraben sollst, damit wir die Schulden bezahlen können."

Aber Rahman wollte davon nichts hören. Er zog sein eigenes Schwert und gab es Rahim.

„Ich habe vielmehr geträumt, daß du mir den Kopf abschlagen sollst."

Lange konnten sie sich nicht einigen, wer von ihnen sein

Leben opfern sollte. Schließlich sprach Rahim zu Rahman:

„Du bist jünger und mußt mir gehorchen. Glaube nur nicht, daß dein Schicksal leichter wäre als das meine. Manchmal ist es schwerer zu leben als zu sterben. Deshalb gehorche und tu, was getan werden muß."

Was Rahim befahl, geschah; Rahim schlug seinem Bruder mit einem einzigen Hieb den Kopf ab und vergrub ihn in fruchtbarem Boden.

Ein ganzes Jahr beweinte er den Bruder und wartete. Nach einem Jahr wuchs aus Rahmans Haupt ein hoher Baum. In abermals einem Jahr reiften daran Früchte, die waren rund wie ein Kopf und hart wie eine Nuß. Rahman sammelte einen Korb voll und trug sie zum Basar. Die Menschen liefen zusammen.

„Was sind das für Früchte, Junge? Solches Obst haben wir noch nie gesehen."

Als sie die Früchte aufbrachen, lief süße Milch heraus, und überdies enthielten sie süßes Fruchtfleisch.

Auch die Leute kamen, denen der tote Vater Geld schuldete.

„Verkauf uns hundert solcher Nüsse, und wir geben dir hundert Dukaten. Damit sind die Schulden deines Vaters beglichen."

So retteten die Brüder den guten Namen ihres Vaters. Seit dieser Zeit wächst die Kokospalme überall und dient den Menschen zur Nahrung.

Petrea und die Blütenkaiserin

Nicht nur die Bäume in den Bergen hatten einst ihren Kaiser, es herrschte auch eine Kaiserin über die Blumen in den Gärten. Aber bevor von ihr die Rede sein soll, hört, was sich in einem Dorfe zutrug. Dort lebten ein Mann und eine Frau, die keine Kinder hatten. Sie waren darüber sehr betrübt, denn sie sagten sich: „Wer wird uns pflegen, wenn wir einmal alt sind? Wer wird sich an uns erinnern, wenn wir die Augen schließen?"

Eines Abends, als sie gerade beim Essen saßen, sagte der Mann zu seiner Frau: „Wenn wir schon keine Kinder haben, die sich an uns erinnern, so denken wir eben einer an den anderen. Eins wollen wir uns versprechen: Stirbt einer von uns früher, so bleibt der andre bis zu seinem Tod allein."

Die Frau war einverstanden, und sie gelobten einander Treue bis ins Grab.

Der Mann und die Frau waren noch nicht so alt, um schon an den Tod denken zu müssen. Aber dem einen schlägt seine Stunde später, dem anderen früher. Kaum war ein Jahr vergangen, holte den Mann der Tod. Weinend beerdigte ihn die Frau, dann lebte sie einsam, wie sie es versprochen hatte. Sie sorgte für ihr Häuschen und für den Garten, der in voller Blüte stand. Das war ihre einzige Freude auf der Welt.

Eines Tages klopfte ein weißhaariger Greis an ihre Tür. Niemand im ganzen Dorf wollte ihm Unterkunft geben, und so bat er bei der jungen Witwe um ein Nachtlager.

Die Frau bat ihn einzutreten und bewirtete ihn gut. Nach dem Essen saßen sie noch eine Weile beisammen und plauderten. Die Rede kam auch auf die Kinder. Seufzend sprach die Frau: „Wir hätten so gerne welche gehabt, aber mein Mann starb, und ich blieb allein zurück."

„Wie soll ich das wissen, Söhnchen“, sprach die Frau. „An deine Braut denke ich noch nicht.“

Aber nach einer Woche fragte Petrea wieder: „Sag mir, wo ist meine Braut, und wie heißt sie?“

„Wie soll ich das wissen?“ fertigte die Mutter ihn ab. „Zum Heiraten bist du noch zu jung.“

Eine Woche später fragte er zum dritten Mal: „Wo ist meine Braut, und wie heißt sie? Wenn du es mir nicht sagst, gehe ich fort und suche sie.“

Da erschrak die Mutter und antwortete: „Deine Braut heißt Rose Rosalinde, die Kaiserin der Blüten. Aber wo sie zu finden ist, weiß ich wirklich nicht; das könnte dir nur der Bruder deines Paten sagen.“

Da freute sich Petrea.

„Bereite mir Wegzehrung für drei Tage vor, Mütterchen, morgen früh breche ich auf.“

Was konnte die arme Frau machen? Mit Tränen in den Augen begleitete sie ihn in der Morgendämmerung zum Tor.

„Kehre bald heim, Söhnchen, damit ich nicht so einsam bin.“

„Die Braut bringe ich mit, Mütterchen!“ rief Petrea im Fortgehen. „Dann bist du nie mehr allein!“

Dann begab er sich mutig auf den Weg ins Nachbardorf. Der erste, den er traf, war der älteste Bruder seines Paten.

„Guten Tag, Gevatter“, begrüßte ihn Petrea.

„Sei mir willkommen, Petrea, nun, wohin führt der Weg?“

„Der Pate versprach mir Rose Rosalinde, die Kaiserin der Blüten, zur Braut. Aber ich weiß nicht, wo ich sie finde. Weißt du es vielleicht?“

Der Alte schüttelte den Kopf.

„Ich weiß es auch nicht. Aber warte hier die Nacht ab. Ich habe hundert Bienen. Am Morgen sind sie in hundert Länder geflogen. Wenn sie zurückkommen, wollen wir sie danach fragen.“

Abends kamen die Bienen herbeigeflogen, und der Alte fragte sie: „Ihr Bienchen, wißt ihr, wo Rose Rosalinde, die Blütenkaiserin wohnt?“

„Wir können dir nicht helfen, Herr“, antworteten sie, „obwohl wir durch hundert Länder geflogen sind, haben wir nichts von ihr gehört.“

„Da kann man nichts machen, Petrea. Aber geh zu unserem mittleren Bruder im Nachbardorf. Ich gebe dir eine Bleipeitsche mit. Wenn du damit knallst, kommt ein bleiernes Pferd zu dir, das trägt dich im gleichen Augenblick, wohin du willst.“

Petrea bedankte sich, steckte die Peitsche in sein Bündel und machte sich auf den Weg ins Nachbardorf. Der erste, den er traf, war der mittlere Bruder des Paten.

„Guten Tag, Gevatter", begrüßte Petrea ihn.

„Sei mir willkommen, nun, wohin führt der Weg?"

„Die Braut suchen, die mir der Pate versprach. Sie heißt Rose Rosalinde, Kaiserin der Blüten. Aber ich weiß nicht, wo ich sie finde. Könntest du mir einen Rat geben?"

Der Alte schüttelte den Kopf.

„Nein, das kann ich leider nicht. Aber bleibe über Nacht hier. Ich habe zweihundert Bienen, die heute früh in zweihundert Länder geflogen sind. Wenn sie zurückkommen, wollen wir sie fragen."

Abends kamen die Bienen heim, und der Alte frage sie:

„Ihr Bienchen, wißt ihr nicht, wo Rose Rosalinde, die Kaiserin der Blüten wohnt?"

„Wir können es dir nicht sagen", antworteten sie, „obwohl wir durch zweihundert Länder flogen, haben wir nichts von ihr gehört."

Und da sagte der Alte: „Da kann man nichts machen, Petrea. Aber geh zu unserem jüngsten Bruder im Nachbardorf. Er hat sie dir versprochen, also wird er auch sagen können, wo sie sich aufhält. Ich gebe dir einen silbernen Zügel mit, wenn du daran ziehst, kommt ein silbernes Pferd, das trägt dich im selben Augenblick an dein Ziel."

Petrea bedankte sich, steckte den silbernen Zügel ein und machte sich auf den Weg ins Nachbardorf. Der erste, den er dort traf, war sein Pate.

„Guten Tag, Gevatter", begrüßte ihn Petrea.

„Sei mir willkommen, Petrea, nun wohin führt der Weg?"

„Die Braut suchen, die du mir an der Wiege versprachst, Gevatter. Aber ich weiß nicht, wo ich sie finde. Kannst du mir helfen?"

Der Alte schüttelte den Kopf.

„Das kann ich leider nicht. Aber bleibe über Nacht hier. Ich habe dreihundert Bienen. Am Morgen fliegen sie in dreihundert Länder aus, und abends kommen sie zurück. Vielleicht weiß es eine von ihnen."

Als die Bienen nach Hause kamen, fragte sie der Pate: „Ihr Bienchen, wißt ihr nicht, wo Rose Rosalinde, die Kaiserin der Blüten, wohnt?"

Aber die Bienen antworteten: „Wir können dir nicht helfen, Herr. Obwohl wir durch dreihundert Länder flogen, haben wir nichts von ihr gehört. Aber warte ein Weilchen, wir sind noch nicht alle eingetroffen. Eine von uns hat sich verspätet!"

Und wirklich, es waren nur zweihundertneunundneunzig Bienen, die dreihundertste kam erst gegen Morgen.

„Wo bist du herumgeflogen, daß du dich verspätest?" fragte der Greis.

„Zürne nicht, Herr, ich war bei der Quelle der Kaiserin der Blüten. Als ich von dem Wasser trinken wollte, schlug die Magd mit dem Eimer nach mir und brach mir einen Flügel, deshalb komme ich erst jetzt."

„Also weißt du, wo Rose Rosalinde wohnt!" rief der Alte erfreut. „Sei so gut und führe mein Patenkind hin!"

Während sich das Bienchen ausruhte, nahm der Alte von Petrea Abschied.

„Folge dem Bienchen zur Quelle", sagte er. „Dort jedoch mußt du dir allein weiterhelfen. Ich gebe dir diese goldene Leine mit. Wenn du sie schüttelst, kommt ein goldenes Pferd, das trägt dich im selben Augenblick, wohin du willst."

Petrea bedankte sich, steckte die Leine ein und schritt frisch aus. Das Bienchen mit dem gebrochenen Flügel zeigte ihm den Weg.

Lange flog das Bienchen über Berg und Tal, über Flüsse und Seen, und Petrea folgte ihm, bis er abends an eine Quelle gelangte. Ein Pfad führte von der Quelle zu einem schönen Schloß. Am Fenster saß ein wunderschönes Mädchen.

„Das ist Rose Rosalinde, die Kaiserin der Blüten", sagte das Bienchen. „Aber zeig dich ihr noch nicht. Warte hier an der Quelle, und du wirst sehen, was geschieht."

Petrea bedankte sich bei dem Bienchen, setzte sich ins Gras, zog seine Schäferflöte hervor und begann zu spielen.

Beim Klang der Flöte zog sich Rose Rosalinde das Herz zusammen. Sie rief ihre Dienerin und gebot: „Lauf schnell und schau nach, wer da so schön spielt!"

Als die Dienerin Petrea an der Quelle erblickte, blieb sie wie angewurzelt stehen. So einen schönen Burschen hatte sie noch nie gesehen. Dreimal mußte Rose Rosalinde sie rufen, bevor sie wiederkam und berichtete.

„Dort sitzt ein schöner Bursche im Schäferhemd, auf dem Kopf hat er einen Schäferhut und in der Hand eine Flöte. Darauf spielt er so wunderbar."

Rose Rosalinde dachte nach und sprach dann:

„Könnten wir nicht einen Knecht brauchen?"

Das Mädchen freute sich.

„Ja, edle Kaiserin, wir brauchen einen, wir haben niemanden, der die Schweine hütet."

„Also geh und frag ihn, ob er in unsere Dienste treten will."

Das Mädchen richtete Petrea aus, was seine Herrin gesagt hatte und führte ihn zu den Schweinen.

„Du hütest sie auf der Wiese hinter dem Wald, schlafen kannst du auf dem Heu, und jeden Abend spielst du uns auf der Flöte vor, dann wirst du es gut haben."

Petrea ging seiner Arbeit nach, so gut er konnte, und anschließend musizierte er auf der Flöte. Rose Rosalinde hörte ihm vom Fenster aus zu, aber angeschaut hatte sie ihn bisher nicht. Für die Kaiserin der Blüten war er nur ein gewöhnlicher Knecht.

Eines Tages, es war gerade Sonnabend, brachte die Dienerin Petrea das Abendessen.

„Morgen ist in der Nachbarschaft ein großes Fest", sagte sie. „Der Grüne Kaiser verheiratet seine Tochter. Unsere Herrin wird auch hinfahren. Sieh zu, daß du schön gekleidet bist, sie sagte, daß sie bei dir anhält, wenn sie vorbeikommt."

Aber Rose Rosalinde hatte den Knecht längst vergessen. Petrea sah nur, wie sie in ihrer Kutsche dahinflog.

Soll sie fahren, sagte er sich, ich hole sie schon ein.

Und dann holte er die Peitsche aus Blei hervor, das Geschenk des ersten Alten, und knallte ordentlich damit. Da donnerte die Erde unter dem Hufschlag, und vor dem Burschen stand ein Bleipferd. Kleider aus Blei lagen über dem Sattel. Petrea zog das Schäferhemd aus und legte die Bleikleider an. Er sah darin wie ein Ritter aus, die eigene Mutter hätte ihn nicht erkannt. Ohne zu zögern, sprang er in den Sattel und jagte Rose Rosalinde nach.

Beim Schloß des Grünen Kaisers holte er sie ein. Auf der Wiese vor dem Schloß tanzten die Hochzeitsgäste. Burschen und Mädchen hielten einander an den Schultern und drehten sich in einem großen Kreis. Als die Blütenkaiserin ankam, machten alle Burschen ihr sogleich Platz neben sich, aber Petrea war schneller. Er sprang vom Pferd, trat auf Rose Rosalinde zu, legte ihr die Hand auf die Schulter und tanzte mit ihr bis zum Abend.

Rose Rosalinde fragte ihn: „Wer bist du, schöner Bursche?"

„Ein Jüngling in bleierner Kleidung, wie du selbst siehst, schöne Kaiserin!" antwortete Petrea.

Aber Rose Rosalinde wollte noch mehr wissen.

„Und wo kommst du her?"

Wahrheitsgemäß antwortete Petrea: „Aus einem Schloß, das auch du kennst, schöne Kaiserin."

Rose Rosalinde erinnerte sich nicht, in einem der Nachbarschlösser je einen schönen Jüngling gesehen zu haben.

Sie zog einen Ring vom Finger und reichte ihn Petrea.

„Steck den Ring an, damit ich dich das nächste Mal wiedererkenne."

Petrea dankte und verabschiedete sich.

Bevor sich's Rose Rosalinde versah, saß er auf dem Pferd, bevor sie in die Kutsche steigen konnte, war er fort wie der Wind.

Rose Rosalinde schmerzte das Herz vor Sehnsucht. Traurig fuhr sie nach Hause.

Als sie am Wald vorbeifuhr, wo ihre Schweine gehütet wurden, saß Petrea in seinen alten Kleidern auf einem Klotz und spielte Flöte. Ein wunderschöner Ring glänzte an seinem Finger.

Die Dienerin bemerkte den Ring gleich am nächsten Tag.

„Wo hast du den Ring her?" fuhr sie Petrea an.

„Ich bekam ihn geschenkt!" antwortete der Bursche.

Ohne zu zögern lief das Mädchen zu Rose Rosalinde.

„Unser Schweinehirt hat deinen Ring, edle Kaiserin! Und er behauptet, er habe ihn geschenkt bekommen."

Aber Rose Rosalinde fertigte sie kurz ab.

„Was erzählst du da! Woher sollte er meinen Ring haben? Wahrscheinlich hat er irgendwo einen Wallfahrtsring gefunden und prahlt damit."

Die Dienstmagd dachte sich ihr Teil. In einer Woche, es war wiederum Sonnabend, brachte sie Petrea das Abendbrot und sagte: „Morgen findet in der Nachbarschaft noch einmal ein Fest statt. Der Blaue Kaiser verheiratet seine Tochter. Unsere Herrin fährt auch hin. Sieh zu, daß du schön gekleidet bist, sie sagte, daß sie bei dir anhält, wenn sie vorbeikommt."

Aber Rose Rosalinde fuhr am Wald vorbei. Den Schweinehirten und seinen Ring hatte sie vergessen. Petrea sah nur, wie die Kutsche um die Wegbiegung verschwand.

Mag sie fahren, sagte er sich, ich hole sie schon ein.

Und dann holte er den silbernen Zügel hervor, das Geschenk des zweiten Alten, und zog ordentlich daran. Da dröhnte die Erde von dem Hufschlag, und vor dem Jüngling stand das silberne Pferd. Silberne Kleider lagen über dem Sattel. Petrea zog das Schäferhemd aus und legte die silbernen Kleider an. Er sah wie ein Prinz aus, die eigene Mutter hätte ihn nicht erkannt. Ohne zu zögern sprang er in den Sattel des silbernen Pferdes und eilte Rose Rosalinde nach.

Eingeholt hat er sie beim Schloß des Blauen Kaisers. Auf der Wiese vor dem Schloß tanzten die Hochzeitsgäste. Die Jünglinge und Mädchen hielten einander an den Schultern und drehten sich in einem großen Kreis. Als Rose Rosalinde ankam, machten alle Jünglinge ihr sogleich Platz an ihrer Seite, aber Petrea war schneller. Er sprang vom Pferd, trat auf Rose Rosalinde zu und tanzte mit ihr bis zum Abend.

„Wer bist du, schmucker Jüngling?“ fragte ihn Rose Rosalinde.

„Ein Jüngling in silbernen Kleidern, wie du selbst siehst, schöne Kaiserin!“ antwortete Petrea.

Aber die Blütenkaiserin wollte noch mehr wissen.

„Und wo kommst du her?“

Wahrheitsgemäß antwortete Petrea: „Aus einem Schloß, das auch du kennst, schöne Kaiserin.“

Rose Rosalinde erinnerte sich nicht, in einem der Nachbarschlösser je so einen schmucken Jüngling gesehen zu haben. Sie nahm ihr Tuch und reichte es Petrea.

„Binde dieses Tuch um, schmucker Jüngling, damit ich dich beim nächsten Mal daran erkenne.“

Petrea dankte und verabschiedete sich. Bevor sich Rose Rosalinde besann, saß er auf dem Pferd, bevor sie in die Kutsche steigen konnte, war er fort, wie der Wind.

Rose Rosalinde schmerzte das Herz vor Sehnsucht. Traurig fuhr sie nach Hause zurück. Als sie an dem Wald vorbeikam, wo ihre Schweine gehütet wurden, saß Petrea im Schäferhemd auf einem Klotz und spielte Flöte. Um den Hals hatte er ein herrliches Tuch.

Das Dienstmädchen bemerkte das Tuch gleich am nächsten Tag.

„Wo hast du das Tuch her?“ fuhr sie Petrea an.

„Ich habe es geschenkt bekommen“, antwortete der Bursche.

Ohne zu zögern, lief das Mädchen zu Rose Rosalinde.

„Unser Schweinehirt hat dein Tuch, edle Kaiserin!“

Aber Rose Rosalinde fertigte sie kurz ab.

„Was erzählst du da! Wie könnte er an mein Tuch gelangen? Wahrscheinlich hat er ein Wallfahrtstuch gefunden und prahlt nun damit.“

Und mehr wollte sie davon nicht hören. Den ganzen Tag grübelte sie nur darüber, wer der schöne Jüngling in den silbernen Kleidern gewesen sein könnte.

Die Dienerin dachte sich ihr Teil. Und als Rose Rosalinde sich am Ende der Woche zur dritten Hochzeit rüstete, sprach sie zu ihr:

„Ich weiß, worüber du dich grämst, edle Kaiserin. Es gibt einen Weg, den Jüngling zu erkennen.“

„Sprich, wie kann das sein?“ rief die Blütenkaiserin.

Da sagte die Dienerin: „Diesmal gib dem Unbekannten deinen Handschuh. Aber halte ein wenig Siegellack bereit. Wenn du ihm den Handschuh reichst, nimm ihn am Kopf, küsse ihn auf die Stirn und drücke ihm dabei den Siegellack ins Nackenhaar. An dem Siegellack wirst du ihn erkennen!"

Rose Rosalinde gefiel diese List.

„Gut, ich will es versuchen!"

Inzwischen brachte das Mädchen Petrea das Abendbrot und sagte: „Morgen wird in der Nachbarschaft noch ein großes Fest gefeiert. Der Rote Kaiser verheiratet seine Tochter. Unsere Herrin fährt auch hin. Sieh zu, daß du schön gekleidet bist, sie sagte, daß sie bei dir anhalten wird, wenn sie vorbeikommt."

Aber Rose Rosalinde dachte nicht mehr an den Schweinehirten und das Tuch. Petrea sah nur, wie ihre Kutsche in einer Staubwolke hinter dem Wald verschwand.

Mag sie fahren, sagte er sich, ich hole sie bald ein.

Und dann zog er die goldene Leine hervor, das Geschenk seines Paten, und schüttelte sie ordentlich. Da bebte die Erde unter dem Hufschlag und vor dem Burschen stand ein goldenes Pferd. Goldene Kleider lagen über dem Sattel. Petrea zog das Hemd aus und legte die goldenen Kleider an. Er sah wie ein Kaiser aus, die eigene Mutter hätte ihn nicht erkannt. Ohne zu zögern sprang er in den Sattel des goldenen Pferdes und eilte Rose Rosalinde nach.

Beim Schloß des Roten Kaisers holte er sie ein. Auf der Wiese vor dem Schloß tanzten die Hochzeitsgäste. Die Jünglinge hielten die Mädchen bei den Schultern und drehten sich in einem großen Kreis. Als Rose Rosalinde ankam, machten alle Jünglinge sogleich Platz an ihrer Seite, aber auch diesmal war Petrea schneller. Er sprang vom Pferd, trat auf die Blütenkaiserin zu und tanzte mit ihr bis zum Abend.

Rose Rosalinde fragte:

„Wer bist du, stattlicher Jüngling?"

„Ein Jüngling in goldenen Kleidern, wie du selbst siehst, schöne Kaiserin!" antwortete Petrea.

Aber die Blütenkaiserin wollte noch mehr wissen.

„Und wo kommst du her?"

Wahrheitsgemäß antwortete Petrea: „Aus einem Schloß, das auch du kennst, schöne Kaiserin!"

Rose Rosalinde erinnerte sich nicht, je einen so stattlichen Jüngling in einem der Nachbarschlösser gesehen zu haben. Sie zog ihren Handschuh aus und gab ihn Petrea.

„Zieh den Handschuh an, stattlicher Jüngling, damit ich dich beim nächsten Mal wiedererkenne."

Und bevor Petrea ein Wort sagen konnte, faßte sie ihn am Kopf, küßte ihn auf die Stirn und drückte ihm den Siegellack in die Haare.

Petrea merkte nichts davon. Er bedankte sich bei der Kaiserin, sprang in den Sattel und ritt davon wie der Wind.

Rose Rosalinde schmerzte das Herz vor Sehnsucht. Ganz traurig fuhr sie nach Hause. Als sie am Wald vorbeikam, wo ihre Schweine gehütet wurden, saß Petrea in seinen alten Kleidern auf einem Stein und spielte Flöte. An seinem Gürtel hing ein weißer Handschuh. Die Dienerin bemerkte ihn gleich am nächsten Tag.

„Wo hast du den Handschuh her?" fuhr sie Petrea an.

„Ich habe ihn geschenkt bekommen!" antwortete der Bursche.

Und da war dem Mädchen alles klar. Sie lief zu Rose Rosalinde.

„Unser Schweinehirt hat deinen Handschuh, edle Kaiserin!"

Aber Rose Rosalinde fertigte sie kurz ab.

„Was erzählst du da! Wie käme er zu meinem Handschuh? Wahrscheinlich hat er irgendwo einen Handschuh gefunden, und jetzt prahlt er damit. Ich habe meinen Handschuh dem jungen Kaiser in den goldenen Kleidern gegeben."

„Laß ihn rufen und überzeuge dich selbst!" schlug die Dienerin vor.

„Also gut, schicke nach ihm!" sagte zögernd die Blütenkaiserin.

Das Dienstmädchen ließ Petrea holen. Und nach einer Weile erschien er im Schloß, die Flöte in der Hand. Er nahm den Hut ab, verneigte sich vor Rose Rosalinde bis zur Erde und sprach: „Was wünschst du, edle Kaiserin?"

Streng fuhr sie ihn an: „Du sollst meinen Ring, das Tuch und den Handschuh haben? Wem hast du die Sachen abgenommen? Sprich!"

„Ich habe sie niemandem abgenommen, edle Kaiserin. Ich selbst bekam sie geschenkt."

Zornig rief Rose Rosalinde: „Das ist nicht wahr, du hast sie gestohlen! Gib sie zurück, sonst verlierst du deinen Kopf!"

Aber Petrea sagte:

„Nichts gebe ich zurück, edle Kaiserin. Ich bekam diese Dinge geschenkt, und bevor ich sie hergebe, lasse ich mir lieber den Kopf abhauen!"

Und er senkte das Haupt. Da sah Rose Rosalinde in seinem Haar etwas glänzen und erkannte, daß es der Siegellack war. Sie faßte Petrea bei der Hand.

„Also bist du es doch, mein schmucker Jüngling!"

Petrea warf das Schäferhemd ab und stand als der Jüngling in goldenen Kleidern vor Rose Rosalinde.

„Ja, edle Herrin, ich bin es. Diesen Ring bekam ich von dir beim ersten, dieses Tuch beim zweiten und den Handschuh beim dritten Tanz."

Rose Rosalinde schmerzte das Herz vor Sehnsucht. Sie reichte Petrea beide Hände, küßte ihn auf die Stirn und sprach: „Wenn ich dir schon den Ring, das Tuch und den Handschuh gegeben habe, so gebe ich dir auch mein Herz und dazu das halbe Kaiserreich."

So bekam Petrea doch Rose Rosalinde zur Frau, die Kaiserin der Blüten, wie sein Pate es ihm an der Wiege versprochen. Drei Tage später gab es eine prächtige Hochzeit, und nach der Hochzeit lebte Petrea mit seiner schönen Frau glücklich und zufrieden bis an ihr Ende. Und zusammen herrschten sie bis an ihr Ende über alle Blumen der Welt.

Viktoria und die Weide

Eines frühen Morgens pflanzte ein Bauer im Garten eine Weidenrute. Am Abend desselben Tages brachte seine Frau ein Töchterchen zur Welt, das sie Viktoria nannten. Die Kleine wuchs wie die Weide im Garten, bald wurde aus ihr ein bildschönes Mädchen. Der Vater war gestorben, als Viktoria noch in der Wiege lag. So sorgte die Mutter allein für sie. Das Mädchen sagte niemandem ein böses Wort und tat keiner Fliege etwas zuleide. Jeder hatte sie gern, am meisten aber der kleine Veit, ein Junge aus der Nachbarschaft, der ebenfalls keinen Vater mehr besaß. Weil er aus armem Hause stammte, mußte er von Kindheit an in Dienst gehen. Bei Viktorias Mutter fand er eine Anstellung. Er half im Haus und weidete die Kühe. Dabei hatte er immer noch Zeit, ein Sträußchen für Viktoria zu winden, ihr Erdbeeren zu bringen oder ihr ein Liedchen vorzuspielen. So schön wie er konnte kein Junge die Flöte blasen; Viktoria hätte ihm von früh bis spät lauschen können. Sie liebten sich wie Bruder und Schwester und waren immer beisammen. Aber die Jahre vergingen, aus der Weidenrute wurde ein stattlicher Baum, aus Viktoria ein hübsches Mädchen und aus Veit ein schmukker Bursche. Es schickte sich nicht mehr, daß er für Viktoria Erdbeeren holte und ihr auf der Flöte vorspielte. Es war an der Zeit, daß er sich nach einer Stellung bei einem Großbauern umsah.

Aber Veit wollte nicht als Knecht zum Großbauern gehen.

„Ich versuche mein Glück lieber in der weiten Welt", sagte er zu seiner Mutter. „Vielleicht kehre ich als Herr heim, und dann wird alles anders."

Die Mutter und Viktoria weinten, als sie das hörten, und versuchten es ihm auszureden, aber Veit ließ sich nicht von seinem Entschluß abbringen. Gleich am nächsten Tage machte er sich auf, den Stock in der Hand, das Ränzchen mit seiner Flöte, Pflaumenkuchen von der Mutter und einem Goldstück von Viktoria auf dem Rücken. Viktoria hatte das Goldstück als Patengeschenk bekommen; es sollte Veit Glück bringen.

„Komm bald zurück, wir warten auf dich."

Abend für Abend saß Viktoria mit Veits Mutter im Garten unter der Weide, Abend für Abend dachten sie an ihn und fragten sich, wo er wohl gerade umherwandere. Nach einem Jahr bekamen sie Nachricht vom anderen Ufer des Meeres, nach zwei Jahren vom anderen Ende der Welt, und dann war es, als hätte der Erdboden Veit verschluckt. Im Dorf vergaß man ihn, nur die Mutter und das Mädchen weinten um ihn.

Viktoria war sehr schön geworden, und jeder Bursche hätte sie gern zur Frau gehabt. Aber sie dachte nicht ans Heiraten, sorgte sich um das Haus, pflegte ihre Mutter und hatte ihre Freude am Garten und an der Weide vor dem Fenster. Weit und breit wuchs nicht so eine Weide, und niemand, nicht einmal die größten Lausbuben wagten eine Rute davon abzuschneiden. Sie wollten Viktoria nicht betrüben.

Die Weide wurde mit den Jahren noch stattlicher, Veit aber kam noch immer nicht und gab auch keine Nachricht.

„Er kommt nie wieder", sprach die Mutter und weinte.

Und doch ist er zurückgekehrt. Eines Tages hielt vor Viktorias Häuschen ein fremder Reiter an. Viktoria goß gerade den Garten; ihre und Veits Mutter saßen unter der Weide auf der Bank und spannen. Der Unbekannte stieg vom Pferd und fragte: „Gute Leute, hättet ihr wohl ein Nachtlager für mich?"

„Warum nicht", antwortete Viktorias Mutter. „Kommt nur herein und setzt Euch. Viktoria bringt Euch etwas zu essen, sicherlich seid Ihr hungrig."

Als Viktoria dem Reiter ins Gesicht schaute, blieb ihr fast das Herz stehen. Der Fremde erinnerte sie an jemanden, aber an wen, das wußte sie nicht. Wie im Traum eilte sie, Brot, Milch und Käse zu holen.

Der Reiter setzte sich inzwischen auf die Bank neben Veits Mutter.

„Zu Hause habe ich auch eine Mutter wie Euch. Aber wir haben uns jahrelang nicht gesehen, wer weiß, ob sie mich wiedererkennt."

Veits Mutter schüttelte den Kopf.

„Wie sollte sie ihr eigenes Kind nicht erkennen? Ich wüßte

es sofort, wenn mein Veit vor mir steht. Aber er steckt wer weiß wo in der Welt."

„Vielleicht machte er sein Glück und kehrt bald heim", sagte der Reiter. „Ich kannte auch einen Veit, er war mein Freund."

„Und wie sah Euer Freund aus?" fragte Viktorias Mutter.

Der Fremde lächelte.

„Er war so groß wie ich, hatte die gleichen Augen und Haare, kurz, er wirkte fast wie mein Bruder. Er hat mir oft von zu Hause erzählt und von den Leuten, bei denen er diente. Sie hatten eine schöne Tochter, genau wie ihr. Als er fortzog, gab sie ihm ein Goldstück, das sollte ihm Glück bringen. Es hat ihm wirklich Glück gebracht. Heute ist er ein reicher Mann. Er schenkte mir zur Erinnerung eine Flöte und brachte mir das Spielen bei."

Der Reiter zog die Flöte aus der Tasche und begann zu spielen. Bei den ersten Tönen kam Viktoria aus der Kammer gelaufen und rief: „Veit, bist du es?"

„Ja, ich bin es", antwortete Veit, denn er war es wirklich. „Dein Goldstück hat mir Glück gebracht, und nun bin ich wieder hier."

Wie sich Veits Mutter da freute, läßt sich gar nicht beschreiben. Und mit ihr freuten sich Viktoria und deren Mutter.

Veit hatte Viktoria nicht vergessen. Die ganze Zeit hatte er nur an sie gedacht.

„Wenn du willst, bleibe ich für immer bei dir", sagte er, und Viktoria lächelte ihn an und sprach:

„Und ob ich will! All die Jahre habe ich auf dich gewartet."

Am Tag darauf bat Veit Viktorias Mutter um die Hand ihrer Tochter. Die Hochzeit war so fröhlich, wie es sich für eine Hochzeit gehört, und danach lebten Viktoria und Veit in Glück und Freude. Veit kaufte Pferde und Land und hätte auch gern ein neues Häuschen erworben. Aber Viktoria wollte sich nicht von dem Garten mit der Weide trennen.

„Wo sollten wir hinziehen? Hier geht es uns bis ans Lebensende gut, du wirst sehen", sagte sie, und Veit gab sich damit zufrieden. Mit Viktoria wäre er auch in der ärmsten Hütte glücklich gewesen.

Nur eines bereitete ihm Sorgen. In einer Mondnacht wachte er auf, da lag Viktoria neben ihm wie tot. Sie war kalt wie Eis, und das Herz schlug nicht.

Veit sprang auf und weckte die Schwiegermutter.

„Schnell, Viktoria ist etwas zugestoßen!"

„Aber Veit, das hast du sicher nur geträumt. Komm, laß uns nachschauen."

Und wirklich, als Veit mit ihr ins Zimmer kam, schlief Viktoria friedlich und atmete tief, als wäre nichts geschehen.

Als das zum ersten Mal geschah, war Veit erschrocken. Als es das zweite Mal passierte, dachte er lange darüber nach. Beim dritten Mal aber ließ es ihm keine Ruhe mehr, und am Morgen fragte er Viktoria: „Sag, was geschieht mit dir in der Nacht? Plötzlich liegst du wie tot da, atmest nicht und dein Herz steht still. Ich habe Angst um dich!"

Beim ersten Mal fertigte ihn Viktoria mit einem Lachen ab, beim zweiten Mal erfand sie eine Ausrede, beim dritten Mal sagte sie ihm die Wahrheit.

„Sorge dich nicht, Veit, das hat nichts zu bedeuten. Es ist nur ein Traum, wenn der Mond über dem Garten steht, höre ich, wie mich unsere Weide vor dem Fenster ruft. Ich stehe auf und gehe zu ihr, und es ist keine Weide mehr, sondern eine schöne Frau im langen, grünen Rock. Sie nimmt mich an der Hand und führt mich in einen wunderschönen Garten, wo die Bäume, Sträucher und Blumen lebendig sind, sie sprechen und singen. Ich freue mich mit ihnen, bis der Mond hinter dem Wald verschwindet, dann komme ich wieder zu dir."

Aber Veit gefielen diese Träume nicht. Er bangte um seine Frau, er fürchtete, die Frau im grünen Rock könnte Viktoria für immer entführen. Am liebsten hätte er die Weide gefällt.

Aber Viktoria wollte davon nichts hören.

„Laß die Weide in Frieden, Veit. Wenn du sie umhaust, fügst du mir Böses zu!"

Veit wollte seine Frau, die ein Kind erwartete, nicht betrüben und sprach nicht mehr davon. Und als ihnen ein Sohn geboren wurde, vergaß er die Geschichte.

Aber in einer Mondnacht fand er Viktoria wieder wie tot, nicht einmal das Weinen des Kindes weckte sie. Am nächsten Tag ging er in den Wald zu einer Kräuterfrau.

„Gib mir Rat, Alte, was soll ich tun? Am liebsten würde ich die Weide fällen!"

„Nur das nicht, Söhnchen", rief die Frau erschrocken, „du würdest es bereuen. Solange die Weide in eurem Garten grünt, geht es Viktoria gut. Ich rate dir, laß die Weide in Ruh und hab Geduld."

Aber Veit hörte nicht auf die Alte. Tag und Nacht dachte er an die Weide.

Eines Nachts fand er Viktoria wieder wie tot neben sich und sagte sich, diese Qual müsse ein Ende haben.

Kaum dämmerte der Morgen, ergriff er die Axt, lief in den Garten und hieb auf die Weide ein.

Als er das erste Mal zuschlug, hörte er aus dem Zimmer einen Seufzer, beim zweiten Mal vernahm er ein Weinen, und beim dritten Mal rauschte die Weide, als atme jemand zum letzten Male aus. Im Zimmer sank Viktoria leblos zu Boden wie ein gefällter Baum. Das Kind in der Wiege begann zu weinen, Viktorias Mutter klagte laut.

Erst jetzt begriff Veit, was er getan hatte. Aber seine Selbstvorwürfe erweckten Viktoria nicht wieder zum Leben. Nur einmal zeigte sie sich ihm im Traum.

„Sei nicht traurig, Veit. Was geschehen ist, ist geschehen. Denk an unser Kind, schneide die Weidenruten ab und pflanze sie im Garten ein. Die Weide säge zu Brettern und baue daraus eine Wiege. Solange unser Söhnchen darin liegt, wird seine Mutter ihn wiegen. Und wenn er größer ist, und aus den Ruten Flöten schneidet, wird seine Mutter mit ihm sprechen, sobald er darauf spielt."

Veit tat, was ihm Viktoria geraten hatte. Aus den Ruten wuchs eine schöne grüne Weide.

Als er größer geworden war, saß Veits Sohn den ganzen Tag im Garten und spielte auf der Flöte aus Weideruten, die mit ihm sprach, wie seine eigene Mutter. Jeden Frühling kam sie aufs neue zu ihm, und ihre Stimme erklang in den Weidenflöten bis zum heutigen Tag.